法律进化论

复仇与法律

法律進化論：復讐と法律

[日]穗积陈重 著
曾玉婷
魏磊杰 译

中国法制出版社
CHINA LEGAL PUBLISHING HOUSE

作者简介　穗积陈重（1855—1926年），日本近代法律的主要奠基人，《日本民法典》的主要起草人，明治、大正时期著名法学家、政治家。先后就读于日本东京帝国大学、英国伦敦大学、德国柏林洪堡大学。1881年学成回国，入东京大学法学部担任讲师，在日本历史上第一次开设“法理学”课程。次年2月，升任教授兼法学部部长。1890年入选日本贵族院议员，1915年被授予“男爵”称号，1917年担任日本学术界最高地位的学士院院长一职，1925年出任枢密院议长，主要代表作:《法律进化论》《复仇与法律》《法窗夜话》《续法窗夜话》《法典论》《隐居论》《五人组制度论》《实名敬避俗研究》《祖先崇拜与日本法》等。

译者简介

曾玉婷，厦门大学嘉庚学院日本语言与文化学院副教授，大连外国语学院日本语言文学学士，上海外国语大学日本语言文学硕士，日本语能力考试一级、日语专业八级、上海市日语口译资格证书，研究兴趣为中日法律文化比较研究、翻译理论与实践。迄今，出版译著5部，代表性作品包括:《法窗夜话》(法律出版2015年版)、《续法窗夜话》(法律出版社2017年版)、《法官因何错判》(法律出版社2019年版)。

魏磊杰，法学博士，厦门大学法学院副教授，研究兴趣为转型中国的法律与国家治理、国际法与国际政治。迄今，在法学、政治学刊物发表论文约50篇，出版著/译作20部，代表性作品包括:《转型时期的法律变革与法律文化》(清华大学出版社2011年版)、《法律东方主义:中国、美国与现代法》(中国政法大学出版社2016年版)、《大国协调及其反抗者》(北京大学出版社2018年版)、《看得见与看不见的光: 21人16国域外疫情观察日记》(当代世界出版社2020年版)以及《香港在中国:重新思考内地与香港关系》(香港城市大学出版社2021年版)。

序　言

本书是家父穗积陈重遗著《法律进化论》的第四部《复仇与法律》，共收录了《私力公权化在法之起源中的作用》《复仇与法律》《扣押乃民事法之起源》《刑法进化论》四篇文章。

第一篇《私力公权化在法之起源中的作用》，是家父在大正五年十一月八日晚于东京律师会馆内的演讲内容。根据当晚演讲整理出来的笔记已经遗失，但万幸的是当时的备忘录还保留着。该备忘录分为上下两册，上册是一些零碎的演讲记录，下册则大多为正式文章。将这两册备忘录与《日本律师协会录事》（第二百一十三号）刊登的平松市藏先生演讲笔记合二为一，尽可能模仿家父的演讲口气进行增补，再由编者细心分出章节、标上注释，遂形成该篇。由于大家认为它是下一篇《复仇与法律》的腹稿，叙述了其大纲，因此将其置于本书的首位。

第二篇《复仇与法律》是本书的核心部分，遂以此题目统合全书，然实际上此篇文章尚未定稿。家父似乎打算将完稿编入《法律进化论》第一部《法源论》中的《原力论》，因此在草稿上并无标记总结性标题。编者将这部分命名为《复仇与法律》，想来如果家父仍旧在世，也可能将此部分做如此命名。

本篇草稿中由家父本人最终整理出来的有四份，分装三袋。第一袋中的第一份题为《私力公权化、复仇纪》，第二袋中的第二份题为《个体力公权化、复仇限制纪、三、避难地》，在首页上同时还标记着此为“大正十年八月于叶山”整理出来的“第二稿”。第一份的首页上盖了个㋚的印章，这是家父用来标记未定稿的记号。再者，根据他通常完成三稿甚至四稿的写作习惯，很明显这份尚未定稿。第三份和第四份皆被收在第三袋中，与前两份相比更加不完整，第三份首页上标有题目《赔偿纪》，但是没有日期。估计是在前两份整理后一并整理出的文字。除此之外，袋中还发现其他零星的手稿。

念及家父在大正十年九月与十月整理这些手稿之时，《五人组法规集》和《五人组制度论》业已出版，紧接着就是对《法律进化论》原稿的整理，准备出版第一部和第二部，因此家父应是全力倾注在前者上，而对之前埋头创作的《复仇与法律》草稿，就先整理出章节，暂压箱底，期待日后补足完稿。事后由于大正十二年的大地震，《法律进化论》的出版曾一度停滞，然万幸的是，次年（大正十三年）七月就出版了第一部和第二部，于是家父就立刻执笔创作第三部。然而在此书杀青前，令人悲伤的大正十五年四月八日到来，《复仇与法律》遂成遗稿。

那么，出版这个未定稿是否合适？读了原稿就会知道，这份稿子尚未达致家父最初的全部写作计划。文稿中往往能够看到类似“参见某某的著作”“需再查实”“应在此插入某某内容”“接下来应讨论某某问题”这样的标注，有好几处还贴了便签，以便提醒事后增补。文章的遣词造句也未经充分推敲，亦有不少地方衔接不甚流畅。家父在措辞上一向谨慎，因此，编者确实很担心，将如此不甚完整的草稿原样出版，究竟是否合乎故人之意？然而，如若家父呕心沥血的作品由此被埋没世间，又是万分遗憾。而且前面提到的印章⑵，是表示未定稿但在充分整理的基础上亦可发表的记号，于是编者便尽力整理，以求出版。

然而，此番整理工作绝非易事。诚如前文所述，原稿里不仅存在衔接不甚流畅、措辞不甚成熟、字义不明、只有括号而没有文字等诸多问题，甚至有些连内容和排序都无法确定。想来，如此做法可能意在——也就是上文提到的——只暂作归纳，预备着日后修改之用。例如，第二份《避难地》首页上有个与手稿内容顺序不同的目录，旁边标注着“是否应以此顺序编排？”。编者原初依循这个目录重新排序，结果却发现逻辑不通，于是还是根据手稿顺序编排，将各标题编入目录中。第三份里的《赔偿纪》首页也有内容的次序，基本就依此顺序编排，但是最后的《赔偿的额度》和《赔偿的分化》两部分，编者根据自己的判断调换了顺序。另外，整理成第四份的草稿是本书第二百五十六页（本文库第二百二十四页倒数两行）[1]的《赔偿为任意报酬》以下的部分，但是从该部分文体推断，这是家父在之后零星写下的文字，他似乎欲想将它们并入《赔偿纪》的其他地方。然现在要使这些文字各归其位且衔接自然，着实不太可能。有鉴于此，只好在《第七目　赔偿》后面原样保留这些片段。除此之外，在其他袋里留存的零星手稿中，有些不忍割爱的文字，就分别穿插在合适的位置。就这样姑且归纳出了《复仇与法律》，但是否合乎故人之意，编者甚感不安。然而，事到如今已无他法，万般热心于编撰此书的植木教授都叹息道："念及故人已逝，连笔迹都无从辨析。"

第三份名为《扣押乃民事法之起源》也是家父打算纳入"法律进化论"之宏大体系中而创作的，正如手稿首页上标明的"明治四十四年八月于静浦初校"那样，这是一份保持当年初稿原貌遗留下的手稿。如今将此原稿收录，编者仅添加了注释。题目也遵照手稿首页的《个体力集中、私力公权化、扣押乃民事法之起源》命名[2]，排列在复仇论之后也应妥帖。

作为附录发表的《刑法进化论》也是有些年头的。[3]它是

[1] 此处应指日文原著所属系列丛书的页码。——译注

[2] 日文原著便是如此标明。——译注

[3] 在日文原著中，编者是将《刑法进化论》一文作为附录的。在翻译本书时，译者将其调整为正文部分。特此说明。——译注

家父在明治二十一年九月十九日于“大学通俗讲谈会”上的演讲。幸运的是，在演讲稿上保留着他亲自添加的朱批，本书亦一并收录。关于刑法进化，家父在前一年（明治二十年），在《法学协会杂志》上连载了《刑法进化主义》，但不知何故这篇文章并未完结。家父关注“法律进化”并以此作为毕生研究之课题，起始于明治九年至十四年的欧洲留学时期。学成归国那年（明治十四年），他首先在《明法志林》上发表了《法理沿革史》，明治十五年又在该杂志上发表《婚姻沿革史》，明治十九年在《法学协会杂志》上连载了《刑法进化主义》。接着在明治二十年到二十一年发表的有关刑法进化的论文与演讲，自然皆为上文所涉的法律进化研究的一部分，其中的《刑法进化论》一文之内容渐趋充实，形成了三十年后的《复仇与法律》。花费三四十年之心血去精研同一个题目、同一个想法，正是家父为学面貌之真实体现。有鉴于此，在编辑过程中，也一并将此文收录，以表追思。

提起追思，编者便想起家父对我国复仇故事特别怀有兴趣。他喜欢戏剧《忠臣藏》《曾我》之类的普通事例，自不必多说，而且，在他的藏书中还收集了如下诸多复仇故事。我想，大概就是对复仇的法学兴趣及对复仇传奇的兴趣使然，他才燃起此类研究热和收藏热的。

奥州泉敌讨[1]（抄）	十册
敌讨高田马场（抄）	二册
明和锻冶杀报实录（抄）	十册
敌讨雪之屈（抄）	十册
会津荒川武勇传（抄）	五册
浓州敌讨鉴（抄）	二册
水户磐船地敌讨一件（抄）	一册
宽文拾年牛入敌讨拔写（抄）	一册
伊贺越敌讨实录略记童伪寄（抄）	一册
播州茨木敌讨（抄）	十册
奥州岩沼/摄州驹池敌讨云水录（抄）	五册
郡山非人敌讨（抄）	十册
敌讨透顶香（抄）	五册
石井明道士（抄）	十六册
敌讨千岛之玉川（抄）	十册
千住原敌讨花实日记（抄）	三册
敌讨农家勇功传（抄）	十册
敌讨挂川实录（抄）	十册
大下茶屋敌讨（抄）	四册

[1] 敌讨，即复仇之意。——译注

毛谷村实传（抄）	四册
宇都宫金清水（抄）	三册
敌讨有马土产（抄）	十册
敌讨艳勇弁（抄）	十册
敌讨成平冢念力石（抄）	三册
敌讨浅间岳（抄）	十册
敌讨女予让（抄）	五册
肥前国伊佐君实记（抄）	五册
敌讨莺酒屋前篇（版）	三册

较之上述的这些珍本，对我家而言极其珍贵的复仇故事，乃是家父的祖父重麿翁的手抄本。我的祖先是伊予宇和岛的伊达家的家臣，俸禄为二百五十石的物头[1]。所谓物头乃是一个纯粹的军衔，但到了重麿这里，就开始具有了向学的色彩。重麿二十五岁时拜在本居大平的门下，编修国典，也著有若干著作，但重麿翁留给子孙最宝贵的遗物，就是他手抄的书籍。那是重麿翁从多方借来忠臣、义士、孝子、节妇的野史书籍，从头到尾手抄一遍，多达数十种上百卷，例如《三楠实录》《楠正行战功记》《武勇忠士传》《白石英勇传》《赤穗精义内侍所》《仙台萩》《松田系图》之类。听闻他喜好写作，晚年依然笔耕不辍，

[1] 足轻大将。——译注

大暑天里也在蚊帐中赤背执笔书写。那些手抄本至今依然保留，连装订也是他自己亲力亲为，在每个汉字上标注假名，还在假名词汇旁边标注汉字等，十分细心。重麿翁的手抄书是家父少年时代的最爱，经常拿到廊下不分昼夜地阅读。

上述列举的重麿翁手抄本中包含不少有关复仇的故事，在上文提及的七部手抄本中就有三部是关于复仇故事的。可以想见，这些故事培养了少年时代的家父对复仇这一主题所具有的特殊兴趣。很幸运的是，前文叙述的《女敌讨松田系图》——出自《忠婢阿札传》（戏剧《镜山》便改编于此）——是传家之宝。由此，为纪念此作品乃激发家父研究复仇问题之肇端，特取开卷两页照片作为本书的首页插画。在相片中能够看到的藏书印“樱垣内”，乃是重麿翁之师大平所赠的国学家称号，模仿本居家的“藤垣内”，取门内有樱花大树之意。“天明二年寅春写之”是原书抄写时的年号，并非重麿翁手抄的年份。卷末题有“穗积阿曾美重万吕致仕后间隙之徒然写之”，并未写明年月，大约应在天保年间。

第二幅插画是家父藏品中弘化三年版的复仇番附[1]。虽不是很珍贵的东西，但是作为我国复仇流行的一个证据收录本书。

第二幅插画是展示《刑法进化论》中的一个场景，“罗马刑

[1] 即狂言、戏剧等的节目单——译注

法惩罚杀害父母以及近亲者的罪人，会将罪人缝入口袋，并装入狗、鸡、猴和蛇，一并丢入大海”，这幅画刊登在春木一郎老师所珍藏的约翰尼斯·弗朗西斯科·拉莫斯（Joannes Francisco Ramos）所著的《特里波尼亚努斯关于弑亲罪刑罚的错误》（*Tribonianus sine Errores Triboniani de Poena Parricidii*, 1752）一书中。承蒙老师好意得以装饰本书，谨此特表万分谢忱。如在家父生前将此幅古画展示给他，想来他肯定会欣悦非常的。[1]

而或许最能让家父开心的，就是在下一个四月八日五周年祭奠之时献上这本遗著。遗著的出版至此告一段落，对我而言这是无上的喜悦与慰藉。所有这些端赖组建穗积奖学财团并一直给予支持的各位同人，以及竭尽心力并以此为己任的植木一郎教授的辛劳，对此千言万语不足以表达我内心之感激。在财团的资助和植木教授的协助下，值此全集编撰之际，我谨代表家父以及自己，向大家表示衷心的感谢。

穗积重远

昭和六年二月十一日

[1] 中译本未收录这三幅插画。——译注

目录

CONTENTS

第一编

私力公权化在法之起源中的作用

第一章 绪 论

在座的诸位都是终日接触鲜活法律的专家，我这样一个啰唆的老学究，能来这里与各位谈谈古老的法律，是老朽的荣幸。前几日盐谷会长以及其他几位先生来访时，我就直言，本人最近隐居，自觉老人要退居二线，为年青一代让道，谢绝一切演讲。然而，由于会长巧妙交涉，在座诸位盛情邀约，于是我今天就站到了这个讲台上。但话又说回来，诸位皆为法学家，在新法上，大家比我更博学，反而是我应向大家请教才对。所以，今天我就带来些古老的东西，想讲讲古老的法律。这是我多年研究的法律进化论中的一节，通过复仇事实来说明私力公权化在法之起源中的作用，即私人权力集中转变成法律的途径。在此以《私力公权化在法之起源中的作用》为题，烦请诸位垂听。

但凡人类的进步、文化的发展，甚至是万物的存在、进化，皆为个体与总体的协调，即有机的融合。若论人，就是个人与社会的协调一致；若论力，则是个体力与社会力——私力与公权力——的协调一致。从哲学角度观之，自我与大我一致就是人类的进步、文化的发展。结伴、互助、共存乃是人类的本性。亚里士多德说过，人是社会动物，这真是千古不磨的真理，人类不可能单独孤立地生活。人们只有通过互帮互助、与社会和谐一致才能得以生存、发展和进步。政治教育家福泽谕吉先生为了唤醒依附心重的沉睡国民，提出“独立自尊”的号召，被世人奉为警世名言。其实这话在学术原理上是缺乏依据的。如若真的“独立自尊”，人们不相依、不相帮，不为公尽职、不舍己为公、只顾私利，那么社会将不成为社会，一个民族再如何聪慧、再如何富有，国民都避免不了像犹太人那样沦为亡国之民的命运。释迦牟尼就十分伟大，他出世时一手指天，一手指地，说天上天下唯我独尊。假如当时他说的是“独立自尊”，那么估计他一出娘胎没几个时辰，就因喝不到乳汁而直接涅槃了。再如，《鲁滨逊漂流记》中的主角鲁滨逊·克鲁索就绝对成不了文明人的先祖。总而言之，因为人们只有相依互助才可能加强和扩张各自的集体力量，因此可以说，最终人类的进化是一种融合。

人类文化的进步就是融合。两性结合为夫妻，有夫妻就有父母子女，有父母子女就有家庭，同宗者成一族，多个族群成一国。人类就如此通过团结、通过分工协作，形成了精神文化和物质文化。正如立宪政体，也应该说是个人融合的现象之一。

就好比国际法，从前是以单个国家为单位，但世界大战之后，我认为今后反而会以多国为单位。终究文明就是个体性和联合性的同化，是个体的社会化。

法的起源与实质也正是这样的个体与总体的协调。换句话说，法是个人之力同化为社会之力，是个体力社会化的产物。这是私力公权化的产物。我多年对照着法律进化的规律从事研究，就意欲确认这个原则，而与此研究相关的事例着实很多。例如，民事法中的扣押、刑事法的复仇，都是最为显著的例证。去年（大正四年）花井卓藏博士在饭野吉三郎的勒索被告案中，就以此规律为基础进行辩护，该辩词收录在了《日本律师协会录事》第二百号上。我在此对复仇进行阐述，就是采用本国从古至今发生的复仇事例来说明私力公权化之事实。

第二章　复仇的基本观念

但凡生物天性都会对危害种族生存的攻击进行反攻。这是源自生物的自保性。正如蜜蜂会蛰毁巢者，猛兽毒蛇会反噬攻击者，这些行为皆为复仇。高度发达如人类，意欲除去危害自身的反对势力的感觉基本已发展为本能，往往对非生物也会反击以泄愤，就好比孩子撞柱子了，大人就去打柱子。正因为有这种性质，人类才能维持生存、进步与发展。

如上所述，复仇就是针对危害种族存在的攻击进行的反攻，然而复仇又不仅仅是本能地击退迫在眉睫的危害，它也会针对过去的迫害进行反击，以其人之道还治其人之身，以此来慰藉自己的愤恨，或以此为戒，达到氏族间互帮互助、相互戒备、自卫自保的目的。既针对过去的迫害报仇雪恨，同时也针对将来的迫害起到威慑、防卫的作用。假若无此防卫作用，该氏族估计在原始社会便早已灭亡。复仇正是由此反击性引发的种族保存的基本美德，所以芦东山在其著作《无刑录》中宣称复仇为“天下之公道、古今之通义”，邱濬在《大学衍义补》里称复仇为“天地自然之理”，胡寅则说“仇而不复则人道灭绝，天理沦亡”。此外，法哲学的大学者黑格尔断言：“刑罚乃是对权力否定之否定”（Negation der Negation des Rechts），康德认为同态报复是正义的实现。以上这些先哲们的言论如出一辙，想来正是基于此等理论。

综上所述，复仇源自人类的种族保存性，故复仇现象乃人类的一般现象。因此，国家组织得以齐备，甚至能以团体公力保障团体成员的生存以及发展，是因为在任何社会都存在着复仇现象，如今的文明国家在过去也曾经历过复仇时期，而半开化的国家现今仍残存复仇行为。总而言之，无论古今内外，在人类的聚居生活中，复仇是社会进化之路上某个时期必然要出现的现象。

第三章　复仇的沿革

接下来我就复仇的沿革发表愚见。我想将复仇分为三个阶段来说明，分别为复仇公许时期、复仇限制时期、复仇禁止时期。

一、复仇公许时期

如上文所述，由于复仇为人类社会的一般现象，任何国家都曾存在过，特别是在我国，在文化高度发达之前一直存在着复仇现象。换言之，复仇伴随着文化长久地存在，当首推我国。我认为原因有三：一为武士道；二为深受中国德教即儒教的影响；三为封建制度导致欠缺法权的统一。

君父之仇，不共戴天，此仇不报，则不仁不义，于是豁出身家性命也要报仇雪恨，万般艰辛也要寻敌复仇，这样的例子委实不少。这需要非凡的勇气和耐力，因此，复仇被大家激赞为无上杰出的行为。

在历史上，有曾我兄弟、日野阿新丸、赤穗义士等许多著名的事例，这些故事广泛地出现在史籍、稗官野史、院本、净琉璃、歌舞伎、讲谈、浪花调[1]等中，也有些被著书立说，其中不乏一些鼓吹、标榜武士道的情节。

在复仇戏剧中，描写曾我兄弟的故事种类繁多，而《忠臣藏》更是被誉为经久不衰的歌舞伎经典。除此之外，还有《伊贺越道中双六》《天下茶屋》《箱根灵验躄仇讨》《金比罗利生记》《碁太平记白石噺》《镜山》《道中龟山噺》《敌讨褴褛锦》等，仅仅是净琉璃、歌舞伎里的复仇故事就已不胜枚举。前些年戏剧改良论甚嚣尘上之时，有人感慨道，若是把切腹、妓院、小偷、复仇从日本的歌舞伎中剔除的话，歌舞伎将不复存在。由此可见，复仇作为歌舞伎的题材占据着极其重要的地位，复仇通过戏剧对士族及平民产生的感化影响力之大自不待言。

根据平出铿二郎《敌讨》的记载，从庆长十年至元治元年，共有78件复仇事件，其中武士的复仇有47件，占了过半数，平民的复仇有26件，其中涉及农民的有20件，工商阶层的有4件，其他种类的有2件，最后分类不明的则有5件。如将上述事

[1] “院本”“净琉璃”“讲谈”“浪花调”皆为日本传统大众说唱艺术形式。——译注

件依时间分成元禄前和元禄后，则元禄前武士的复仇为22件、平民的复仇为1件，元禄后武士的复仇为25件、平民的复仇为25件，数量持平。自从元禄时期赤穗义士复仇发生以后，平民的复仇数量激增，这是一个值得注意的现象。由于大家以复仇为美德、为善行，并且赞赏奖励复仇行为，因此，通过上述事实便可获知，复仇的观念不仅在武士阶层，甚至在老百姓中间也同样深入人心。

复仇者最开始需向自己的主公提出复仇请求，请辞后方可外出，在出发之际，旧主会赐予金钱、刀剑等，对其留守家人也会发放禄米，[1]并会出言鼓励，望其能得偿所愿、速速归来，再侍旧主。

那些历经艰辛、复仇成功的人归来，不仅会被人们称赞为孝子勇士，旧主更会遣人赏赐衣物、大小佩刀等，并隆重迎接。若是武士，便加官进爵，若为百姓，则获主上褒奖，乡亲表彰。总之，由于报君父之仇是忠臣孝子的义务，复仇行为是臣子的美德善行，所以人们根本不会以此为罪。好比赤穗义士，最后他们虽被处决，只是因为他们拉帮结派、使用弓箭杀害高官，犯了官法，危害治安，而并非旨在处罚他们复仇的这个行为。当时此事引发了巨大争议，但看了切腹告示后便可明晰，官府

[1]“禄米”，乃是日本古代武士领取的俸禄。——译注

最后是对他们以士之礼处以切腹的。

> 浅野内匠头任御驰走役、奉命迎接敕使之际，于大殿行凶，罪大恶极，命其切腹，吉良上野介判为无罪。然内匠头家臣为报主君之仇，纠集四十六人，手持弓箭，夜闯上野介宅邸，取上野介首级，目无朝廷，胆大包天，故判此四十六人切腹。

儒教中视复仇为子弟朋友之义务，《礼记·曲礼》中记载："父之仇，不共戴天；兄弟之仇，不反兵；交游之仇，不同国。"此外，在《礼记·檀弓》中，子夏问于孔子曰："居父母之仇，如之何？"夫子曰："寝苫，枕干不仕，弗与共天下也。遇诸市朝，不反兵而斗。"在儒教中，复仇为子弟之义务，复仇行为是孝悌之表现。

在那个时代，虽有法，但其力量尚弱，尚未能保护所有人的生命、财产、自由等，尤其在法权分立、欠缺统一的封建时代，一国有杀人者，倘若逃匿至他国，便不可能将其绳之以法。因为当时没有犯人引渡条约，如果不亲自去手刃杀人者，该杀人者便不会受到法律制裁。此外，在这样的时代，对复仇者也无任何禁止或制裁的法规，所以复仇习俗自然就愈演愈盛。

如上所述，在我国，直至近代，风俗上一直视复仇为美德善行，儒教鼓励复仇，法律不制裁复仇者，复仇便一直处于公许的状态。直到需要保存种族的时代，此等情况才发生变化，这才开始限制复仇。

二、复仇限制时期

复仇限制时期虽未全面禁止复仇，但这是一个开始逐渐铲除复仇私斗弊害的时期，也是公权力加诸自力救济的绪端。其限制的第一项是复仇义务者的范围限制，第二项是复仇责任者的范围限制，第三项是以赔偿代替复仇，第四项是避难地的设置，第五项是需要获得公许，第六项是其他限制。接下来我便依次阐述上述限制在政治机构的作用下渐趋形成的过程。

（一）复仇义务者的范围限制

由于复仇源自种族保存的本能，因此，在原始社会，某一族中一人被杀，全族人皆有复仇义务，往往进行的是全族复仇。但此类全族义务的观念随后逐渐演变，复仇义务者的范围逐渐缩小，先是有血缘关系的亲属，之后更进化至对其被害最感悲愤痛苦的近亲，即子孙、兄弟。

全族义务的事例在中国、我国乃至西洋诸国的古代都曾存在过。《周礼》中记载：“父之仇辟诸海外，兄弟之仇辟诸千里之外，从父兄弟之仇不同国。君之仇视父，师长之仇视兄弟，主友之仇视从父兄弟。”复仇的义务也涉及血族以外，贾公彦所作的《义疏》上载：“此经略言，其不言者，皆以服约之”，可知接受此说法的血族皆为复仇义务者。然而关于义务者的限制，各地皆有不同事例，例如古威尔士人限定为九等亲之内，非洲的邦哥人限定为七世孙之内，阿拉伯人定为五等亲之内。古代俄罗斯也是全族义务，但在雅罗斯拉夫一世主持编纂的《罗斯法典》中，则限定为最近亲。法典第1条规定：“如果某人杀害了他人，被害人的兄弟可以为他复仇；子可以为其父；父也可以为其子；或者是侄子为其伯叔；外甥为其舅父，向凶手复仇。”

穆罕默德的《古兰经》第十七章中规定，复仇“只限于被害者之子嗣，若无子嗣则由兄弟复仇，无兄弟则由父复仇”，把义务者的范围最小化。

复仇义务者的范围逐渐缩小，彰显了社会的进步。换言之，越是社会落后，义务者的范围就越大，反之随着社会进步，国家权力参与其中，自力制裁只能在公权承认的范围内进行，复仇义务者的范围缩小，而且复仇者顺序也自然随之固定。

（二）复仇责任者的范围限制

相互扶助是种族保存的要素、聚居生活的基础，所以，在原始社会，复仇和防御皆为全族责任，若要向加害者复仇，其所属的同族人皆为仇敌。然而随着社会进步，该范围逐渐缩小，最后发展为只限加害者自身负有责任，其家人亲属皆不受波及，即由全族责任演变为个人责任。门的内哥罗的《达尼洛一世法典》第39条规定，复仇只限杀害者一人，不应波及其余亲属。犹太人在最初也有对族复仇的习俗，但之后演变为个人责任，《申命记》第二十四章第十六节中记载："不可因子杀父，也不可因父杀子；凡被杀的都为本身的罪。"

（三）赔偿选择

报复是最自然的自力制裁，在公权力尚未发达的时代，这是针对几乎所有侵害进行的行为。但是，当财产观念——尤其是财产所有权观念发展后，便产生了以财物来赔偿的风俗。当然这也经过了多个阶段，最初只允许针对财产上的损害进行赔偿，接着也允许对盗窃以及伤害进行赔偿。盗窃本身跟杀害相比，在刺激被害者的感觉上较少，而且是物质损害，因此很明显可通过赔偿来恢复原状、慰藉感情。然而，之后连盗窃以外的伤害也成可赎罪，唯独杀害必须血债血偿，但发展到最后，连杀害也允许选择赔偿的方式进行解决。

民族文化达到一定程度，自然会允许针对财产上的损害进行赔偿，针对人命也区分为可赎罪和不可赎罪，允许针对可赎罪进行赔偿。随后更进一步发展，产生了民事上不法行为引起的损害赔偿的法理。随着人类物质欲求的发展以及复杂化，财产观念也随之发达，其结果就导致以赔偿来代替复仇，非洲的部分民族间皆能看到此类事例。日耳曼人有“Wergeld”（赔命价），盎格鲁-撒克逊人有“Were”（赔命价），斯堪的纳维亚人有“bote”（赔命价），这些做法都承认杀伤赔偿，此外，苏门答腊的勒姜族针对所有犯罪都承认赔偿金。其中盎格鲁-撒克逊的赔命价针对生命以及身体的各个部分均制定了赔偿金额的标准，贵族是多少，平民是多少，伤了一眼赔多少，两眼赔多少，手赔多少，脚赔多少，宛如价目表。穆罕默德也对赔偿作出了规定，《古兰经》的《牝牛篇》中记载：“众归信的人哪！已对你们规定了给被杀的人抵偿；良人以良人，奴隶以奴隶，女子以女子。但是其弟兄的一事经过赦免的人，可从定例，并欣然交付给他。这是出自养主的减轻和慈惠。在这以后过当的人，应遭痛刑。”该叙述反映了私力已朝公权力转变。

即使进行赔偿，针对其分类以及额度，在当事人之间自然时有意见不一。在这种情况下，作为社会权力者的族长、长老以及其他权势者便承担仲裁、量定的职责；这些人代表着社会统治权力的一部分，他们的仲裁、量定最终便如同法院的仲裁、量定。如此一来，一旦赔偿具有先例，其后在遵循此先例时，深谙赔偿额度先例的长老便作为该社会的法典和礼法，拥有重大权威，假若针对杀人赔偿的额度当事人无法协商一致，便诉至长老处，由他来调停裁决。长老裁决时，一般会遵循先例，当事人也会服从先例的权威，但假若当事人不服从备受社会尊重的长老的裁决，便会招致社会的反感，同时受到社会的制裁，由此可见社会公力的产生、公权力的苏醒。

通过上述情况可知，复仇赔偿的额度被量定，则其标准额度也就随之固定。例如，吉尔吉斯族的泰吾坎汗（Kahn Tiauka）颁布的法典中规定，杀男性者赔偿羊一千头，杀女性者赔偿羊五百头。此外，在里普利安人（Ripuarian）的法律中，根据人种不同来决定杀人的赔偿，杀了法兰克人赔偿两百先令，杀了勃艮第人赔偿一百六十先令，杀了罗马人赔偿一百先令。在上文中曾阐述过，在盎格鲁-撒克逊的赔命价中，贵族与平民身份有别，自然赔偿金额各异，手、脚、耳、目等身体各部位也各有其赔偿的标准。

因为有赔命价和抚恤金（Blood-money）的存在，金钱和物品的赔偿便替代了复仇，然而这样的赔偿制度仅存在于西方国家，在东方特别是在我国和中国，当时还未有此例。这大抵也跟当时东方社会经济思想落后、财产观念淡薄有关，但最关键的原因还是当时的道义观念，人们不屑以金钱出卖臣子的义务。因此国家严禁赔偿，触犯者必当受罚。《唐律》的《贼盗律》中规定：“诸祖父母、父母及夫，为人所杀，私和者，流二千里。其亲徒二年半。大功以下，递减一等。受财重者，各准盗论。”我国的《贼盗律》规定：“凡祖父母、父母、外祖父母及夫，为人所杀，私和者，徒三年，二等亲，徒二年，三等以下亲，递减一等，受财重者，各准盗论。”至后世，因钱财停止复仇的行为自然就被认为是道德上的重大污点。

西方国家的复仇赔偿，与诉讼法和民法息息相关，在此略去不提。

（四）避难地的设置

原始法律中所见的避难地（Asylum）是阻止部分复仇、将私力制裁收归于公权力的另一方法。例如，在《旧约全书》的《民数纪略》第三十五章中，耶和华对摩西说：“当有六座逃城，使误杀人的可以逃到那里。”即设置了六处避难城市。杀人者跑到避难城市时，需先站在城门口向该城的长老叙述经过，长老若承认其为误杀，便允许他入城，今后居于此城中便可免去复仇者的追踪报复。然而，假如复仇者认为避难者是谋杀犯，通过不实的陈述进入避难城市，那么复仇者可向该杀人者原住地的长老申诉，长老便请求避难城市引渡该避难者，提交原住地民众审议，若证实其确为误杀，依然送还避难城市，若为谋杀，则交由复仇者处理。此类事例在诸多民族中皆有存在，但在我国以及中国却无此事例。假如硬要寻求类似的事例，虚无僧寺的习俗以及移乡制度与上述情况相似。庆长十九年的《普化宗门御掟书》中记载，“日本国虚无僧之义者，勇士浪人一时之隐家，不入守护之宗门”，而当虚无僧寺中出现复仇者或仇敌时，“意欲敌讨之虚无僧，双方[1]逐吟味，得许可，可还俗，于寺门胜负可为致。勿论武士之外一切不可允许，因偏颇而不公则停止。武士切杀人、提血刀闯寺门之时，虚无僧寺听详情后留置。诸事皆从武士之道，仕宗法。不可因武士之身份而隐匿罪人。日后若难逃其罪，则虚无僧寺早速召捕其人，移交官府”。

虽然世间也质疑该御定书系伪造，但也足够推断出当时的世情。

在中国，自周代开始便有让杀人者远走他乡以躲避仇杀的制度。《周礼》中设定了官职为“调人”的官员，令杀人者远行以避仇杀，称之为“和难”。《周礼》中载：“凡和难：父之仇，辟诸海外；兄弟之仇，辟诸千里之外；从父兄弟之仇，不同国；君之仇视父，师长之仇视兄弟，主友之仇视从父兄弟。弗辟，则与之瑞节而以执之。”此记载的便是“和难”，若杀人者不按此规定躲避，则逮捕治罪。因此，《周礼》的和难制度便是中国的移乡制度。

在我国中古时代也存在移乡避仇的制度，中国《唐律》的《贼盗律》中载：“诸杀人应死会赦免者，移乡千里外。”在我国

[1] 即虚无僧与寺院。　译注

的《贼盗律》中，则规定："诸杀人应死会赦免者，移乡。若群党共杀，止移下手者及头首之人。"《法曹至要抄》中解释了该规定之要旨："案之，死家有亲戚之时，依与彼为仇，移乡为避仇之矣。"综上所述，上述的避难地设置以及移乡制度正是公权力加诸自力救济上的显著表现。

（五）公许的必要

在复仇中设置必须获得公许的限制，可算是禁止复仇的开端。在原始社会，复仇乃一家一族的私事，公权力并不干涉。但随着国家机关的逐步成熟，私斗妨碍了社会治安，国家进行限制和监管，或是禁止雇用打手、或是限制复仇义务者和责任者的范围，公权力逐渐参与其中。然而，虽然族战已经停止，复仇义务者的范围也已限制至至亲，舆论却依然赞颂复仇为美俗，法律也认可复仇之事。因此若不通过公权力对复仇设定限制，人们私下雇凶进行族群复仇的恶习便会重现，智利的阿劳卡尼亚人便会累世继承复仇义务，《春秋公羊传》里的五世之仇、九世之仇、百世之仇便无法避免。由此，复仇申报以及许可申请制度的出现，遂成为公权力代替私力制裁的第一步。

在中国，《曲礼》宣扬"父仇不共戴天"，称颂复仇为最大的美德善行，但另一方面也不堪私斗乱杀的弊端，正如上文所述，或命仇人远走躲避，或设置调人官职，除此之外还创制复仇申报制度，复仇者在申报成立的情况下手刃仇敌为无罪，若无申报而杀人，则被治擅杀之罪。《周礼》规定朝士之职的条文中载，“凡报仇雠者，书于士，杀之无罪”，下注：“同国而不相避者，欲杀之必先言之于士。”因此，不申报而杀害仇敌之人会以擅杀之罪而被制裁。日耳曼民族最初认为自身之力即权利，将自己的权利范围等同于自身之力的范围，法院设立之后，若无法院许可则无法复仇。但倘若事出突然，无暇获取许可，必须在事后前往法院辩明其正当性，获得法院的认可。英格兰的阿尔弗烈德大帝编纂的法典第42条规定，复仇者包围仇家的住宅后，先要求其赔偿，通过自己的能力封锁仇家住宅七天等待答复。若自己无力包围，可请求长老援助，七天后若仇家不赔偿，可立即攻击。但是攻击前必须先向国王提出申请。

在我国德川时代，复仇不仅被认可，也被誉为美德善行，然而复仇前仍需提出申请，该原则可从《德川禁令考》的《御书付附录》中获得证实：“无上报而秘密杀害犯死罪之人该当处罚。”即复仇需事先正式获得公许。然而，就算未获得公许就进行复仇，复仇行为本身也并非犯罪，人们会调查该复仇是否正当，一旦正当的证据确凿，便不会处罚该行为。因此，发展到复仇需要公许的阶段，正是公权力加诸私力救济的一个例证。

在德川时代，复仇申请的提交因地区而异，江户地区提交至町奉行[1]，京都地区提交至所司代[2]，地方则提交至领主或地头[3]。假如是武士，需向自己的主君请辞，成为浪人[4]，方可远行复仇。若复仇顺利归来，仍可重侍旧主。老百姓以及町人[5]复仇时也需提交申请，领主或地头通过后，再提交至幕府，幕府遂将其族籍、姓名、身份等逐一登记在《公仪御账》上。主君会赏赐复仇者金钱、佩刀等，对其家人也会发放禄米，复仇者成功归来之时，旧主更会遣人赏赐整套纹服[6]，隆重迎接。

如此事先提出申请的复仇者，只要不是在皇宫、仙洞御所[7]附近、江户城内、上野（东叡山）、芝（增上寺）这类禁止入内的场所，在任何场所遇见仇敌都可进行复仇。若有无申请者，有时需调查其复仇真伪，则会将该人暂时投入监牢。当事实确凿时，便无罪释放，若无特别理由就不会对其进行处罚。

---

[1] 町奉行：江户幕府设在江户、京都、大阪、骏府掌管市里行政、司法、消防的官吏。——译注

[2] 所司代：幕府职称，一般由谱代大名担任，乃是幕府设在京都的代表。——译注

[3] 地头：负责管理“庄园”及“公领”事务的职务名称，负责征收、上缴年贡，管理土地，维持治安等。——译注

[4] 浪人：日本幕府时代失去俸禄而流浪的武士。——译注

[5] 町人：日本江户时代对于从事经商、技术活计之人的统称。——译注

[6] 纹服：是指带有家徽的和服。——译注

[7] 仙洞御所：在京都上京区的京都御苑内，是日本三大皇家园林之一。——译注

（六）其他限制

复仇本是出自忠孝至情、勇武行事，作为尚武时代的道德观念，人们尊重复仇乃是理所应当。因此，无任何法令绝对禁止复仇、判之以杀人罪，也是自然的结果。然而，复仇也产生了诸多弊端，例如妨碍治安、阻碍法令的执行等，因此，人们也时常对复仇加以限制，或是限定场所、或是限制范围。例如，在天文五年的伊达稙宗法典——《尘芥集》中记载："不可擅自为父子、兄弟复仇，然裁决后，于皇土中相遇，无论父之敌、子之敌，复仇无罪。"

法典规定禁止在法律制裁前私自复仇，看重公权制裁，以公权为先，添加时间限制。此外，庆长二年的长曾我部元亲[1]颁布的法典中载："父母之仇子女报，兄长之仇胞弟报，若胞弟之仇兄长报，便属逆道而行。侄甥不可为叔伯复仇。"该条款限定了复仇范围，仅允许为血缘最近的长辈复仇，禁止为晚辈复仇。《德川成宪百条》也限制了复仇范围："若申请复仇，登记后便允许进行，但禁止重复复仇。"以上这些皆是针对人的限制。此

[1] 长曾我部元亲（1539—1599），又称长宗我部元亲，为日本战国时代大名，其所率长宗我部军名震四国，军队作战以勇猛、迅捷闻名，以短短十二余年的时光及土佐一方小名的条件一统四国。——译注

外，在板仓胜重[1]任京都所司代时，颁布的法令中有这么一条："为父报仇，无论洛中、洛外，为道理至极，依先例，不处罚。然禁里仙洞的御近所、神社佛阁乃复仇禁地。"在江户，禁止在江户城内、上野（东叡山）、芝（增上寺）等灵地内复仇，这是对场所的限制。

如上所述，随着国家机构的完备，公权力逐渐渗透进自力救济之中，复仇随之受到限制，紧接着便从限制时期进化到禁止时期。然而任何社会现象绝非一夕之间便可更易，进化必然循序渐进。复仇历史上也有一个过渡时期，因此在限制时期进化到禁止时期的期间，公权力和私权力各占半壁江山，虽有公权干涉复仇但也允许私力救济。私力制裁无论是在道德高度上，抑或是在舆论环境中都被誉为美俗善行，将这样的私力制裁转移为公权力制裁，其难度不言而喻。因此，将国家代替被害者复仇的事实对民众广而告之、使人民产生依赖公权力的念头，不仅是其中一种方法，更是一个自然的转移途径。

该方法第一次出现的形态为国家逮捕杀人者，交由被害者的亲属随意处置，以泄心头之恨。在波斯、埃塞俄比亚、俾路

[1] 板仓胜重：日本战国时代及江户时代前期武将。少时出家为僧，父亲与弟弟战死后，还俗并继承家督。蒙家康信赖担任骏府、江户等地奉行，后任京都的侍所代理守，负责应付朝廷和监视西国的各大名。——译注

支斯坦[1]以及吉尔吉斯的泰吾坎汗法典中皆有相关的明文规定：国家逮捕杀人者后移交给被害者的遗属，遗属自行随意复仇，可杀之，可变卖为奴，亦可令其交付赔偿金，有些遗属则会委托狱吏将其处死。在波西米亚，在特殊情况下，作为特殊待遇可将犯人移交给被害者遗属，允许遗属自行处罚。但是处罚的程度不能超过犯人的主刑。

公权力的参与最初就如上所述，第二次出现是法院只宣判谋杀的罪名，刑罚由谁来执行则随意为之，通常是由被害者的遗属来执行。北美的印第安人会在部落中央会堂审判杀人者，随后交由被害者的至亲随意处置，但若遗属未处死杀人者，通常则会被视为不仁不义者，遭受排挤。

第三次出现是国家逮捕杀人者，由被害者的亲属来充当行刑者。在英国，此类事件一直存续至亨利四世时期。在谋杀上诉（Appeal of Murder）中，被害者的至亲不仅是原告，同时也是刑罚的执行者，在宣告死刑后，他们要押着上了镣铐的犯人行至刑场。这是被害者亲属的义务，亦为权利。

到了第四次，复仇便成了一种仪式。例如，在萨摩亚群岛，

[1] 俾路支斯坦，地处西南亚和南亚的伊朗高原。因居于此地的伊朗人的一支——俾路支人而得名，它的范围大体包括现今巴基斯坦的俾路支省、伊朗的锡斯坦—俾路支斯坦省以及阿富汗南部的俾路支地区。——译注

杀人者在听取审判后，被捆绑手脚，然后被捆在带刺的棒棍上，被抬到被害者遗属家门口，在举行完象征犯人移交任其处置的仪式之后，将此人带至刑场处决。上述的事例都是私力制裁被公权替代过程中的必经阶段，在我国的法权过渡期中也有这样的案例。明治维新时期，杀人者被处问斩之罪时，被害者遗属的自行复仇虽不被允许，但有时也允许去充当刽子手。《宪法类编录》中记载了一段明治元年九月吉井四郎请求为父吉井显藏报仇的记录："以上在常规中难以相济，然念及孝子之情难止，御旨将罪人小原彦岁、小田龙兵卫、武州铃森斩首，由孝子执刀问斩。"这是允许他在犯人行刑时亲手斩下仇人的首级。关于限制时期与禁止时期之间的过渡期的描述，到此大致告一段落，接下来讲述复仇禁止时期。

三、复仇禁止时期

在唐朝武后时期，有个人叫徐元庆，其父徐爽被县尉赵师韫杀害。元庆隐姓埋名，在驿站之中充当仆役，在赵师韫投宿时手刃仇敌，之后投案自首，等待制裁。武后怜其孝烈，欲免其死罪，然当时左拾遗陈子昂谏曰：

元庆为父报仇，手刃师韫，束身归罪，虽古烈者，亦

> 何以多？诚足以激清名教，旁感忍辱义士之靡者也。然按之国章，杀人者死，则国家画一之法也。法之不二，元庆宜伏辜。又按礼经，父仇不同天，亦国家劝人之教也。教之不苟，元庆不宜诛。……如臣等所见，谓宜正国之法，置之以刑，然后旌其闾墓，嘉其徽烈，可使天下直道而行，编之于令，永为国典。

然而，柳宗元反驳道："巨闻礼之大本，以防乱也。刑之大本，亦以防乱也。旌与诛莫得而并焉。诛其可旌，兹谓滥，黩刑甚矣；旌其可诛，兹谓僭，坏礼甚矣。"他认为元庆之父原本无罪，师韫由于私人恩怨，滥用吏权滥杀无辜。而且由于刑官对此案不加以追究，元庆才自行复仇，"即死无憾，是守礼而行义也"，若处死元庆则是亵渎了刑法，败坏了礼义。

在上文的论述中，陈子昂建议，应当先对徐元庆依法论死，然后再对他替父报仇的行为予以表彰。这种主张不合社会变迁之理，复仇为圣人之礼，刑罚为季世之制，即便当时已为法治时代，他仍兀自沉浸在礼治旧时里，并以此为理想，因此才如卖矛盾的楚人那样，出言自相矛盾。柳宗元的驳斥是不错，但应该说，舍法治之今、取礼治之古，均无法避免逆时势之谤。

唐宪宗时期，富平县人梁悦之父被人杀害。梁悦手刃仇敌，到县里投案自首。当时诏曰："在礼父仇不同天，而法杀人必死，礼法王教大端也，二说异焉。”韩愈对此主张：

> 伏以子复父仇，见于《春秋》，见于《礼记》，又见《周官》，又见诸子史，不可胜数，未有非而罪之者也。最宜详于律，而律无其条，非阙文也。盖以为不许复仇，则伤孝子之心，而乖先王之训；许复仇，则人将倚法专杀，无以禁止其端矣。

因此法规中无正式条文，是为了事件发生后商议、斟酌，不至于让礼法和经律相悖。

前文提到的这三个人，之后的儒者皆颂扬柳、韩，贬低陈。陈的主张自然是无稽之谈，然而柳、韩的说法也同样不符合历史规律。假若他们去除尚古癖，知道社会是由礼治进化至法治，知道复仇在无法可依的原始社会是必要的自卫作用的话，他们便会明白，在公权既已伸张、杀人罪的法条已定之后，复仇之人不斟酌是否合情合法，置法律于不顾，必然无法免除刑罚之罪，这是毋庸置疑的。

我们应该来听一听王安石的见解。他有一篇著名的《复仇解》。

> 复仇非治世之道也。明天子在上，自方伯、诸侯以至

于有司，各修其职，其能杀不辜者少矣。不幸而有焉，则其子弟以告于有司，有司不能听，以告于其君；其君不能听，以告于方伯；方伯不能听，以告于天子，则天子诛其不能听者，而为之施刑于其仇。乱世，则天子、诸侯、方伯皆不可以告。故《书》说纣曰："凡有辜罪，乃罔恒获。小民方兴，相为敌仇。"盖仇之所以兴，以上之不可告，辜罪之不常获也。方是时，有父兄之仇而辄杀之者，君子权其势，恕其情，而与之可也。故复仇之义，见于《春秋传》，见于《礼记》，为乱世之为子弟者言之也。《春秋传》以为父受诛，子复仇，不可也。此言不敢以身之私，而害天下之公。又以为父不受诛，子复仇，可也。此言不以有可绝之义，废不可绝之恩也。

王安石立论正确，并无口若悬河的群儒那样的尚古癖，能顺应时势变迁，将《春秋传》《周礼》《礼记》的真义解析得明白无误。他认为复仇并非治世之道，只是法制未健全或无法可依之时的自力制裁，当有圣明天子在上、听狱机构健全之时，就不应当以一己之私妨碍天下公正，可以说他的一席话论证得光明正大，而且顺应了法制的进步。同时他还认为复仇是"不通之论"，"甚失复仇之意义"（《无刑录》卷十四）。我国也有如王安石这样的人，例如像雨森芳洲就主张惩罚复仇行为。他在其著作《多波礼草》中说道：

> 虽说父母之仇不共戴天，然彼时为周之季世，世道混乱，一国号令无法传至他国，藏污纳垢之风俗盛行。而今时乃八岛内外无风吹草动、可喜之一统时代，杀他人父母之凶犯本该国家缉拿治罪，却将生杀大权下放至其子手中，此为何故？

这是超越群儒的卓见，该观点更是让人联想到当时法权未统一的情况与春秋时代相同。

通过明治维新，政法的实权回归政府后，当务之急便是法权的统一，但当时戎马倥偬，并未有空闲去重新制定统一的刑律。因此，国家在明治元年十月三十日借行政官通告下达指令，在颁布新律之前，依旧沿用旧幕府刑律《公事方御定书》。在这期间，德川幕府的刑律扩大了适用的范围，成为帝国统一的通法。接下来在刑法典上，制定了《假[1]刑律》这部过渡法典，在新律公布之前与《公事方御定书》并行使用。如此在明治维新之初，刑法已经在形式上完成了统一，但立法者关于复仇的思想依然沿袭旧习没有改变，所以在《假刑律·父祖被殴》的

[1] 假，即暂时的意思。——译注

条文中规定："祖父母、父母被殴致死，行凶人格杀勿论。"《假刑律》依然如旧幕府刑律那样承认复仇，假如事先提交复仇申请，或者即使未获得公许私自报仇，也不会被当作擅杀罪的罪犯受到惩罚。

然而，是否公认私刑之一的复仇，与法权统一一样，乃是必然会提出的问题，正如前文所言，明治元年九月发生的吉井四郎事件，最终让吉井担当行刑者，即该问题的先驱。明治二年十月，刑部省接到撰写律书之命后，便开始在内部就复仇问题进行讨论，仿明清律设置了这样的条款："祖父母及父母被害，子孙当即杀了凶犯、或者事先已向官府申报复仇的情况，可不治罪；若未先报官便擅自复仇者，杖打六十板。"因为该法条事关重大，而且相比旧律有较大变动，因此刑部省便呈报太政官[1]，太政官进而就此法条咨询当时的教育机构——大学[2]。

然而当时大学的意见分成两派，一方是中博士[3]芳野世育、少博士藤野正启、少博士木村正辞，他们三人认为不应将未先报官便擅自复仇者处以擅杀罪，理由如下：

[1] 太政官是一个司理立法、行政、司法以及管辖八省百官的机构。——译注

[2] 明治时代的"大学"是统辖全国所有学府的中央教育行政机构。——译注

[3] 大博士、中博士、少博士是明治政府设立的教育行政机构"大学"的教官职称。——译注

复仇乃义举，义举当奖赏，不该惩罚。设定惩罚未报官者的法律只是徒劳。复仇者先报官，官府知晓后，凶犯才能得以惩处。而复仇本身就是复仇者对远逃的凶犯穷追不舍，寻着便直接手刃仇敌，所以无暇先去报官，假若先报官，必定会错失良机，失去复仇的目标。因此千辛万苦找寻仇敌并直接报仇，与在凶案当场手刃凶犯并无区别。然而，法律却不惩罚后者，只惩罚前者，有失公允。况且明明有杀人者该死的原则，却让凶犯逃脱惩罚，这便是官府的过失，在此情况下却反而去惩罚弥补了刑罚不足之处的被害人子孙，极其不公。不仅如此，刑罚的目的是教育大众，假如惩罚了未先报官便擅自复仇者，便是在惩罚孝子的义愤。况且，复仇的情况又千差万别。既有因报官反而无法复仇的，也有报官后还可能复仇的。既有还滞留当地的凶犯，也有逃匿他国的凶犯。除此之外，杀人的原因、仇敌的身份等，都很难一概而论。韩愈主张，无须将复仇写入法律条文中，每遇事发便集体奏议，共同斟酌出恰当的处理方式，此乃千古名言。因此，不可设定擅杀的法条。

然而，中助教[1]小中村清矩、少助教依田熏两人反对此提

[1] 大助教、中助教、少助教亦是大学的教官职称。——译注

议，他们认为复仇能安抚孝子之情，确实不该为法律所禁止，但应该设定无报官的擅杀罪，若无擅杀的法条，人们便不重视宪法，兴起擅自处理之风，最终将导致犯罪。因此主张新律也仿效明清律，应当设定无报官而自行复仇者杖打六十的法条。

然而，当时制度局[1]做出的意见书同意了大学博士们的看法，在新律中不设立不告擅杀的条文，但此意见的根据却跟其他议者完全不同。意见书上载："抑天下之经纶完整，大小法院之规则严立，司法官之令全国通行，便不会起此复仇之骚乱。"意见书上明确指出，由于法律尚不健全、法权尚未统一，因此不得已才公认复仇，假如做到"司法官广布法律于天下，诸官省以及府藩县的法院自不必说，连村镇市街的小法院也能脉络贯通，法令一出即刻传遍天下"，那么祖父母、父母被害之人前去报官，官府即刻传令天下，缉拿凶犯，严惩不贷，以明刑典，也可代孝子尽心。到了这个时候"杀人者死"的法律已经普及，便可以设定惩罚私自复仇之人的法律。因此，意见书做了此番结论："司法官之令未能执行导致擅杀之骚乱，其罪在于司法官，不在于复仇人，司法官应谢其罪。……宜设定司法官之令贯通全国之法，然后始设复仇擅杀之罪律。"

上述制度局就设定擅杀律提出的意见书，不拘泥于以往的

[1] 制度局：明治初期"三职八局制"中的一个负责立法的机构。——译注

普遍说法，超群绝伦，阐明了关于复仇的法律根本意义。自古以来，仇敌不共戴天，复仇是礼义的要求，是只该赏不该罚的美俗，复仇者因为未报官便私自杀敌，在程序上触犯法律，不过仅处以杖责的轻罚，所以当时并未有将复仇当犯罪来处罚的观点。然而当时的制度局认为一来当时尚未有贯通天下之法，二来法权尚未统一，所以设定不告擅杀的法条为时尚早。但同时也暗示，假如法律健全、法权统一，那么不仅仅是不告之罪，复仇本身也将被定罪为私杀，同时接受法律的制裁，这可称得上是卓见。

如此想来，明治二年为议政官[1]相关的制度调查而设立了议事调查所，制度局扩充了此议事调查所的组织和职务分工制度，当时的制度局就如同现在的法制局一样。而且，当时的制度局内人才济济，有像加藤弘之、津田真道、森有礼、神田孝平、田中不二磨这样满腹西洋新学的少壮派，也有如副岛种臣、福羽美静这样精通日汉制度的老学者，所以广泛比较了东西方各种制度，认识到复仇的私刑与法律的权威互不相容。之后江藤氏任司法卿[2]时，断然发布号令严禁复仇，接着又设法条，复仇将以谋杀罪论之，起源便来自这份意见书。

[1] 议政官：明治初期太政官制下的一个政府立法机构。——译注

[2] 即司法部部长。——译注

针对上述的大学以及制度局的答议，刑部省再次提交意见书，指出博士们误解了条文中“不告官”的“告”字，“告”并非遇见仇敌了才去报官，而是祖父母、父母被害后立即将复仇之事申报官府，其后无论何时报仇雪恨，都不算擅杀。同时复仇申报到任何一个官衙均可。因此，刑部省决定采用大学助教们的建议，在斗殴律中添加“不告官者杖六十”这条，上报等待裁决，在明治三年七月二十五日，得到“按请示执行”的指令。

但是，在同年十二月二十日颁布的《新律纲领》中，殴打律中父祖被殴的条文中载：“祖父母、父母被害，子孙擅自杀害行凶者受笞五十。行凶当场杀死凶犯、或曾报官者例外。”以此看来，在祖父母、父母被害当时手刃仇敌以及事先递交复仇申请的情况下，复仇被当局认可，而且早先裁决的杖打六十减轻为受笞五十。诚如制度局的意见那样，复仇被作为臣子之大义来尊重的观念数百年来深入人心，不仅当时立法者的思想内还保留此观念，而且当时也才刚维新不久，法权尚未统一，所以当时的情形未能禁止复仇，也未达到将复仇作为擅杀罪来惩罚的地步。

明治五年江藤新平任司法卿，即刻以精悍果毅的性情破除旧弊、制定新法，致力于建设依法治国的基础，所以上任不到一年，法制便有了重大变革，明治四年至五年立法的数量之多，超过了前后数十年的总量。在这之前，维新政府在明治元年设立了刑法事务总督，之后将其更名为刑法官，在明治二年废除了该机构，设置了刑部省，执掌处罚、诉讼，同年还设立了弹正台[1]，负责检查弹劾之事，因此不仅法权分立，刑部省只掌管都府的法院中的一部分，东京府等各府藩县都拥有独立判案、听理诉讼的权力，正因如此，正如前文中制度局的意见书上所写，当时日本的法权尚未统一，其实质与维新前并无太多差异，当时的国情还未达到禁止复仇的状态。因此，在明治四年春，江藤新平改革官制，提议统一司法权，江藤氏的官制改革中有如下一段话：

> 刑部为天下司法公平之处，诉讼刑法应悉数回归该机构。然如今弹正台干涉刑部司法权，府藩县亦各自拥有判案听讼的权力。刑部仅负责都府一部分事务，徒有虚名。宜厘正改革，使法律回归至统一的治理。（《江藤南白》上卷，第四百六十一页）

江藤氏甫一就任司法卿，立即致力于法权的统一，不等司法省职制以及事务章程的制定完成，在就职的次月便开始起草

[1] 弹正台：中央官职之一，独立于朝廷之外，负责管理风俗，揭发不当行为的部门。——译注

司法省的权限、法官的职务等相关的暂行规程方案，并亲自带着草案前往太政官，当日就通过审批实施该草案。而且草案第1条实际上就是司法权统一的宣言：

“本机构统辖全国法院，掌管所有事务，但与审理相关的事宜除外。”

江藤司法卿从该规定实施着手，先在三府[1]、东海道诸县以及通商港口设立司法省直辖的法院，在各法院设立判事[2]、检察官。

法权统一是禁止复仇的必要前提条件。江藤司法卿实现法权统一的梦想后，百尺竿头更进一步，接着便以雷霆之势发布禁止复仇私刑的法令。明治五年七月，江藤司法卿在下文的意见书上附了复仇禁止令的草案，提交左院[3]等待审批。

> 夫复仇乃其父兄不幸逢凶犯之残害，出痛愤迫切之至情，其仇或以力强势炽，抱微志相伺其便，或其隐匿逋逃，跋涉险阻，冒风露霜雪之侵，数年焦劳身心，追寻报杀之，或有能寻其踪迹，中道含恨而死，其子又继其志，始雪其

[1] 三府：从明治时期到昭和时期为东京府、京都府、大阪府。——译注

[2] 判事：日本法官官名之一。——译注

[3] 左院：日本明治初期的立法咨询机构。——译注

冤类，诚可怜悯其事情，杀人者必杀之乃古今之常法，而可杀之乃司法特权有之，不苟其职，非可擅杀，故父兄之仇难复，毕竟以私义犯司法之公权，故不可免擅杀之罪，全体法明律严，人人知畏避之所，犯罪科者少，若杀人凶恶，必逮捕之，诛杀之，其罪难逃，至天下者无仇可报，乃司法之主务，从来的风习以不自力复其仇为耻辱，以未尽子弟之分同心得，乡党亦以不孝看之，同不齿之，为之离故里，破家产，妻孥失其所，不能奉祖先之祭祀，至尤甚敷，不顾其理当否，不问其事故误，滥挟复仇之义，必生弊害，苟不禁止之，辗转相仇，互擅杀之端，究极时无之，遂不仅司法之权不相立而已，甚至妨碍人民之安宁，自今以后，逢父兄残害，复述明白其事情，由官处刑其凶犯，私下令禁止一切复仇，以塞相互擅杀之源，乃特此御布告上相添此段也。

左院在八月二日针对上述的申请作出回复，由于禁止复仇与《新律纲领》的父祖被殴的条款相抵触，假如在发布禁止令的同时也对上义的律文稍作修改的话便无异议。而且附言中还建议将禁止布告案中的“则处以严科”改成“则处以相当刑罚”。于是，复仇禁止令在翌年明治六年二月七日公布。

太政官布告第三十七号

杀人乃国家大禁，处罚杀人者乃政府之公权，古来有为父兄复仇为子弟义务之风俗，上述至情难以自制，终究以私愤而破大禁，以私义而犯公权，原不免擅杀之罪，加之甚至不问其事之故误、不顾其理由之当否，挟复仇之名义，滥相构害之弊往往有之，甚以不相济事，故严禁复仇，此后，至亲为人所害，可详细将其事实，速报告官厅，若泥于旧习，擅行杀戮，则处以相当刑罚，尔等其切记勿忘。

政府在上述布告发布的当天，废除了《新律纲领》中与擅杀相关的规定，将律文作如下修改，成为二月七日布告第三十九号。

新律父祖被殴律作如下修改：

父祖被殴律明治六年二月七日修改

父祖被殴律，祖父母、父母为人所杀，禁止其子孙擅自杀害行凶者，若有犯者，临时奏请，区别处理。

如此一来发布复仇禁止令的同时也修改了父祖被殴律，但尚未对擅杀判刑，仅通过临时奏请来决定其处分。这样的做法从上文左院的答复中可窥见一二，江藤司法卿的本意是想对其处以“严科”，打破自古以来的积习，确立司法权的基础，但数百年来将复仇尊为臣子大义的思想还依然留存在立法者的思想中，不自觉地不舍得对其制裁，《新律纲领》法案中原先杖打六十的处罚被减轻为受笞五十，在如今禁令法案中“可处以严科”被修改为“可处以相当刑罚”，结果司法卿不得已暂时听从左院的回复，定为“临时奏请、区别处理”。然而性格精悍热烈的江藤氏并非能满足于如此温和的策略，律文修改后仅过了两个月，同年四月二日废除了“临时奏请、区别处理”的条款，彻底根绝了旧习，复仇者以谋杀论，处以斩首的极刑。其律文如下所示：

布告第一百二十二号

父祖被殴律作如下修改，同时取消本年第三十九号布告的同律：

父祖被殴律明治六年四月二日修改

父祖被殴律，祖父母、父母为人所杀，其子孙擅自杀害行凶者，以谋杀论，斩。凶杀当场杀死仇人者不做追究。

针对上述律文，左院提出意见，认为将复仇与夺人财产、妻妾而引发的谋杀行为等同判刑是不道德的，不应以寻常谋杀论之，减轻为绞刑，并且制定特别条例以备留有酌情处理的余地。由此可见，当时立法禁止复仇是多么困难。然政府最后还是采用了司法省的意见，再次修改父祖被殴律，以普通谋杀论之，处以斩首（《法规分类大全》第一编第二百四十页）。

《改定律例》于明治六年五月裁定，翌年六月十三日以布告第二百零六号颁布，其中《父祖被殴条例》如下所示：

> 第二百三十二条　凡祖父母、父母为人所杀，其子孙擅自杀害行凶者，以谋杀论，凶杀当场杀死仇人者不予追究。

此条与之前修改的父祖被殴律是相同的，只删除了“斩”这个字，其他基本上并无实质差别。《改定律例》在该父祖被殴律修改后颁布的翌月上报天皇请求圣裁，首页上谕[1]上写着：“朕与内阁诸臣裁定颁布之。”由此可以推定，上文被殴律公布的时候，至少《改定律例》草案已定，或正在审议中，或已审议完毕。

然而，既然修改法典的草案已定，将复仇以谋杀论之的条款已经包含在内，且法典的颁布明明近在眼前，可立法者却连

[1] 上谕：日本旧宪法时代，在宪法、法规等由天皇制定或公布的条文首页上刊载的天皇的圣谕。

一个月都等不及，迫不及待地特别修改和公布父祖被殴律，这中间到底发生了何种急迫情况我们已经不得而知，但当时维新战乱刚过去不久，社会上杀伐之风盛行，大臣、参议等大官中有不少人受到攻击甚至惨遭暗杀。连江藤氏也曾经历过受凶徒袭击而负伤的情况。不仅如此，在维新前后，人们以天诛、铲奸等名义暗杀政见不同者的事件层出不穷，因此所谓的“仇敌”实在太多了，复仇行为还未完全绝迹，心怀戒心的人绝对不少。若非如此缘由，热衷于法权确立的江藤氏就不会考虑要把禁止复仇的条令作为独立的特别法加以颁布，这样的做法会比仅在法典中进行修改更深入人心，阻遏复仇的效果也更为显著。在此余揣摩江藤氏进行如此急骤变法的动机，并对该动机心存疑虑。

第四章　结　论

上文所述的我国复仇沿革乃是私力公权化的最好范例，虽然国民已达到较高的文明程度，但法制尚未健全，法权依然分立，在此情况下存在的团体自卫作用，正是人类生存必要条件的遗存。这种团体自卫作用乃是生物自保天性中的被害反抗作用范围扩大后的产物，当同种族或同一团体受到迫害，该作用便进行防御、复仇。因此可以说，压制此作用就是违背了自然规律。由此，在法治不彰的时代，复仇为美俗、为臣子义务的观念深入人心，这种观念自然不易破除。

伴随着国家机构日趋完备、国权逐步确立，国家大力禁止私人争斗和杀害，制裁违法者，由此得以维持国内治安，因此足以辖制仇人的公权力才取代了无法预期成功与否的私力制裁，亦能安抚忠臣孝子的义愤。如此一来，个体力的自卫作用就被团体力的自卫作用所收纳，在以往的观念中，杀人是针对个人犯下的罪行，若人们都转换观念，认为这是对社会或国家犯下的罪行，那么私力就转化为公权力了。

以上我所陈述的内容论证了以下几个观点：

第一，法的实质是社会力。法是社会力所显现的行为的规范，通过公权力实施制裁。命令[1]只不过是指形式而已。

第二，社会力产生于个体力的有机集中转化。

第三，在社会力的集中转化作用中，私力公权化后产生了法。

第四，复仇禁止法是私力公权化作用中最显著的事例。

我至今仍在研究此课题，尚缺精炼，在座诸位能长时间聆听，实在有辱清听，在此我深表感谢。

【大正五年十一月十八日东京律师会馆演讲】

[1] 命令：在日本，命令是宪法、法律以外的行政法规的统称，如内阁各省的政令。——译注

第二编

复仇与法律

第一章 绪 论

复仇与刑罚的关系为我们提供了一个最贴切的例证来说明私力公权化产生法律的规律。正如詹姆斯·菲茨詹姆斯·斯蒂芬所说："报复情感之于刑法与性欲之于婚姻具有同样重要的关系"（Sir James Fitzjames Stephen, *General View of the Criminal Law of England*, p.99），复仇不仅是原始社会刑罚的起因，即便在现代文明国家的刑事立法中，不管遵循着怎样的刑罚主义，复仇作为刑罚本质依然留有痕迹。在这一点上，各大理论大体一致［Bentham, *Theory of Legislation*, *(Principles of Penal Code*, Part 2, ch.16); *Bishop Butler's Sermons*, VIII.; O. W. Holmes, *Common Law*, p.40.; Georg Jellinek, *Die Sozialethische Bedeutung von Recht, Unrecht und Strafe*, S.91］。

以刑罚为正义要求的绝对主义者，无意识地承认了复仇的道义价值，他们将报应作为理性的绝对命令，是将由人类自保性衍生出的、反抗和消除灾害的心理作用当作先天性的本能。

将刑罚作为社会防御作用的人也认为刑罚来自人类的自保性，承认复仇的威慑以及行刑的惩戒能够有效预防犯罪。只是自古以来的刑罚主义都是回溯性的（retrospective），仅着眼于既往事实，以报此仇为目的，但现在的刑罚主义正好相反，是前瞻性的（prospective），主要着眼于对将来的影响，以社会防御为目的，因此在最近的立法中几无复仇之痕迹。上述的观点也说明，但凡依靠以自由意思为犯罪责任基础的学说，都来源于回溯性观念，已经在立法主义本质上承认报应的原理（William McDougall, *Social Psychology*, p.13）。

除此之外，仔细查看刑法典的条款时会发现，即便同一罪行，根据其犯罪的动机、手段、方法、目的、结果、被害者的身份等，在量刑范围内均存在可自行复仇的余地，此等复仇的情感来自社会道德感，这种情况并不少见。一些如弑君、谋反、卖国、弑父等剧烈刺激公众爱国心和道义心的罪行，以及其他如犯罪手段极其残忍无情、令人发指、激起公愤的罪行，在对其量刑时，为了维持道义、尊重社会正义感，科以重刑以获得社会的精神满意，可以说这也是正当的行刑方法。如此一来，从另一方面来说，虽然是复仇，但在这个系统中，正如个人有喜怒哀乐的感情，当公众之心也有喜怒哀乐之情时，古代的复仇让社会之心得到满足，就是巩固这个社会的存在，即便不能将其直接理解成社会防护的作用，但在广义上，也可以说是和这个作用具有相同之目的的。假若法律的实施背离了公众的感受，使其无法得到满足，在这种情况下公众心中的平衡便因此受到剧烈冲击。为了使其恢复平衡、回复旧态，就必须让其不满的精神状态消失，否则将引起社会动乱。不得民心的立法往往会酝酿社会骚乱，这是历史上的普遍现象。甚至由于一些罪行伤害了社会情感，但政府处罚不力，不能使公众满意，导致私刑（lynch）出现，刑罚的公权失去威力。私刑就是刑法上的返祖现象（atavism）。由于法律是社会力作用，社会力作用以社会的存在发展为目的，所以刑法的目的是保护社会，但并不仅仅满足于靠刑罚的警告来预防犯罪、通过刑罚的执行来惩戒和教育受刑者使其改过自新，以及使犯罪远离公众、防止危害。唯有使法律符合人民的道义观念和感情、使法律获得社会的精神满意，才可能达致刑法的宗旨。

复仇是私力制裁，刑罚是公权制裁。复仇是个体力的作用，刑罚是社会力的作用。随着文明的进步，该个体力集中转化，产生了社会力，公权制裁的刑罚就替代了私力制裁的复仇。我们在讨论法律进化的法理之初，就要在说明法的起源之时，论证私力公权化产生法律的依据。

第二章　复仇的本质

复仇源自人类自保性的反抗作用，在人类达到高度文明之前、在国家机构完备之前，是人类生存发展的必要条件之一。复仇是生物对危害其自身存在的刺激进行反击，是来源于高等生物共有本质的自卫行为。

达尔文就曾记录过狒狒复仇的事实（Darwin, *The Descent of Man*, Ch.III）。如同蜜蜂会蛰毁巢者，猛兽毒蛇会反噬攻击者，低等动物中也有许多具有复仇性（Georg Jellinek, *Die sozialethische Bedeutung von Recht, Unrecht und Strafe*, S.91）。更何况如人类这般神经系统高度发达的高等动物，意欲除去危害其生存的反对势力的感觉基本发展为本能，即便黄口小儿，假如被玩具弄疼了，也会迁怒于玩具，或扔或毁。川柳[1]

[1] 川柳：日本的一种诗歌形式，音节与“俳句”同样，也是17个音节，按5、7、5的顺序排列。川柳的内容以调侃社会现象为主。——译注

中也有这样的诗句："孩子头撞柱，大人打柱子"，人们往往对非生物也会反击以泄愤，这也是人之常情。即使是大人，也会拍死蜇了自己手指的蜜蜂，追打咬伤自己脚的狗，扔了夹伤自己指头的器具，并且破口大骂。生物报复生活中的各种伤痛基本上都出自本能，并不仅仅为了击退未来的危害，也是对已发生的祸害进行反击，以其人之道还治其人之身，让对方尝尝自己承受过的苦痛，以此来慰藉自己的愤怒（Liszt, *Lehrb.d.deutschen Strafrechts*, 1900, §271; Post, *Ethnologische Jurisprudenz*, II § 55）。

上述的这些反击，终究都是生物自保性的体现，是自我防卫和种族防卫的作用（Guenther, *Die Idee der Vergeltung*, S.3）。一报还一报，纠结于过往，各种伤害层出不穷。虽说这种行为向来为君子所不齿，是野蛮的陋习，但在社会组织尚未完备、公权力尚未发达的时代，为了保证个人生命、身体、财产的安全，保护生存的条件不受侵犯，唯一的保障便是自己的自卫能力，防御并反击迫在眉睫的伤害，用复仇来威慑将来有可能发生的侵害。

因此，在文明达到高级阶段之前，复仇是对危害自身安全的致害者的唯一制裁，是生存竞争中最重要的利器。假如没有复仇，个人便会被暴行者伤害，种族便会被强势者灭亡。假设有个原始族群，遵照圣经的教导："别人打你的左脸，伸出右脸也让他打”，那么，这个民族必然早已灭亡，这个种族也会销声匿迹。

萨瑟兰说过：

> 在社会初期，能控制人们行为的，只有对复仇的恐惧，而且复仇绝对必要。假设有个人放任别人殴打自己、偷窃自己的财物并且毫不生气，那么他在原始社会里不是太善良就是太怯懦，根本无法生存。眼看妻子被辱、子女被杀而不怒发冲冠的人，很少能留下子嗣（Sutherland, *A Origin and Growth of the Moral Instinct*, II.p.161）。

如此看来，在原始社会中，若想保住性命、保护自己、获得衣食住之基本条件，只能通过自救。众所周知，在无法通过社会力来防护各人生命的情况下，要保全生命、身体、名誉、自由、财产，只能依靠自己。

然而自救的法则只有对目前的侵害进行实力反抗，通过威慑他人使其心生畏惧来抵抗将来的侵害。社会道义已经高度发达之后，才会用“勿杀”“勿盗”这样的教义来把持人心。国权有了长足发展之后，才会惩罚杀伤盗夺。而在原始社会，面对侵犯行为只有自卫。复仇是针对过去的攻击进行反击，也是针对未来攻击的一种警戒。复仇是被害者让致害者尝到自己在过去亲手栽下的恶果，以此来发泄心中怒火，同时也起到威慑他人的作用。《曲礼》中载："父之仇，不共戴天；兄弟之仇，不反兵；交游之仇，不同国。"游桂注："不共戴天，暴者不敢害人之父母；不反兵，暴者不敢害人之兄弟；不同国，暴者不敢害人之交游。"这说的就是复仇的威慑防御作用（《礼记义疏》卷五）。在法治的状态下，法律规定"杀人者国家将处以死刑"，但在无法治的时代，风俗则是"杀人者由被害者的亲人杀之"。在警示百姓这点上，这两者并无区别。因此，复仇要是针对过去的侵害就是报仇，针对未来的侵害就是预防，在原始的生存竞争中，复仇属于个体以及团体生存发展最必需的手段。因此无论在哪个社会，在国权的机关完备、公权力的作用可替代个人的自卫制裁之前，人们以复仇为美德，是对君主、父母、兄弟、朋友的最大义务。

赫尔曼·普斯特（Hermann Post）也认为复仇是生存竞争的现象之一。他对复仇观念的基础是如此论述的：

> 当自己被他人殴打或伤害时，都会想让对方也尝到同样的伤痛，这是人之常情。因此复仇来自人的本性，每个人天生都有复仇的需要。……而且，复仇的念头普遍存在，复仇不仅仅针对人类，假如不用智慧自我控制的话，也会针对低等动物和非生物。同时，复仇的念头并非人类特

有，低等动物也懂得复仇，以此看来，复仇是宇宙普遍法则全球性的、有机的体现，人类为了在世间中作为个体生存，就必须受这个法则支配。世间所有个体，都具备维持自身个别性的性质，复仇行为的本质不外乎就是一个世间的个体在其他个体面前完全维持自身个别性的作用（Post, Bausteine f.e. *allg.Rechtswissenschaft*, §40）。

人与人之间相互尊重，互不侵犯，这是聚居生活的条件。在人类社会生活的初期，复仇能警示原始蛮民，让他们意识到不正当攻击必然会招致同等反击，使他们彼此相互戒备，不侵害他人，因此复仇不仅仅是每个人生存竞争的必要条件，同时也是保证团体治安、能共同生活、使种族和团体延绵不绝的生存条件。所以，在社会组织完善、团体的公权力能保证该集体中每个成员生存安全之前，只能通过个人的自力制裁来满足生命财产等生存条件。

复仇不仅仅存在于个体与个体之间，也存在于团体与团体之间。赫尔曼·普斯特说过，复仇的普遍现象是自然规律，因此不进行复仇，便等于个体或团体自我灭绝（Post, *Bausteine f.c.allg.Rechtswissenschaft*, §40）。科勒也曾说过："复仇是法律历史上出现过的产生最广泛且最显著结果的制度之一。"（Kohler, *Zur Lehre von der Blutrache.*）如上所述，人家皆阐述复仇为一般现象，在文明初期，任何国民都经历过一段依靠复仇来作为生存竞争唯一保障的时期。

作为西方文明先导者的阿拉伯人、犹太人、希腊人、罗马人，以及条顿人、凯尔特人、斯拉夫人等其他现在依然居住在欧洲的各个民族，都曾将复仇作为唯一的制裁手段，这是史学家业已论证过的（Koenigswaerter, *Developpement de la Societe Humaine*, Part II., chap.I）。众所周知，东方文明古国——中国自古就存在复仇观念，在礼法上复仇为臣子、兄弟、朋友之义务。

现在地球的各个角落里还散居着无数的未开化民族，他们尚未进入法制生活的领域，只能以复仇作为对抗侵犯的唯一制裁，以此作为被害者遗属亲友的最大义务，这也是人类学家详细记载过的。斯库克拉夫特（Schoolcraft）描述北美印第安人“除了复仇之外不知道其他刑罚”，“家人遇到的一切侵害，都由其余家人来复仇”（Schoolcraft, *Indian Tribes of North America*, I.207; II.131）。关于因纽特人，霍尔（Hall）描述道：“假如一人被害，则被害者的至亲便要杀死该行凶之人”（Sutherland, *A Origin and Growth of the Moral Instinct*, II.p.162）。布雷特（Brett）指出圭亚那人“遇到如谋杀这样的犯罪时，必严守复仇之法”（Brett, *Indian Tribes of Guiana*, p.104）。记录以复仇作为针对侵害的唯一制裁的书籍不胜枚举。这是因为复仇乃是半开化民族中唯一的制裁手段。

由此可见，复仇是存在于法治之前或法治初期的普遍现象，文明国家曾经历过复仇时代，未开化的民族现在仍旧存在着复仇现象，这是人类聚居生活发展史初期必然要经历的社会进化之路。

如上所述，复仇有生物学上的基础，是人类社会生活初期必然存在的普遍现象，因此任何一个民族在某个时期，都会将复仇当作人世常理，并提升为伦理上的义务。在中国古代学者论述复仇的书籍中，往往出现上文提到的此等道理。邱濬在《大学衍义补》中说："复仇之义乃生民秉彝之道，天地自然之理。"宋代理学家胡寅说："复仇因人之至情，以立臣子之大义也。仇而不复则人道灭绝，天理沦亡。"《曲礼全经》中湛若水说："复仇之礼为何，圣人所以伸人之情，笃恩义，厚人伦。"此外，我国的芦德林（东山）也说过："复仇乃天下之公道，古今之通义。"从这些例子不难看出东方国家的学者是如何看待复仇的。

上文提到，复仇义务的观念来源于生物的自保性，但维持并强化复仇观念却需要相信灵魂不灭这样的信念。复仇是死者的血缘近亲或情同骨肉之人面对自己心爱或尊敬之人被杀的现实，发泄心头怒火的行为。之所以要以此为义务，很大部分是为了慰藉死者亡灵，尽遗属本分之事。美国的印第安人相信人死后具有灵魂，只有用行凶者的鲜血来为被害者报仇，被害者的灵魂才能不再怨恨，因此，复仇是德义上最大的义务（Hellwig. p.109）。

在新几内亚，复仇的义务具有宗教上的意义，人们迷信这样的说法，假如被杀者的遗属不报仇的话，亡灵就会作祟。因此复仇无法被严禁，这点会在之后进行论述（参见第三章第二节第七目关于赔偿的部分）。

第三章　复仇的沿革

要想针对复仇这个社会现象解说私力公权化的途径，就必须先概括性地描述复仇的沿革，指出私力转变的方向，最终论述私力与作为公权的社会力相结合产生出法律的缘由。因此，如今要谈论复仇沿革，就必须明确其中的途径，先从个体保存的私力完全发挥作用的时候开始，随后私力逐渐转化为社会力，最终衍生出公权力。我将这个过程分为以下三个时期进行解说：

第一期　复仇义务时期

第二期　复仇限制时期

第三期　复仇禁止时期

第一期对应的是法律出现前的时代，第二期对应的是法律产生的初期，第三期对应的是法律完备的时代。

第一节　复仇义务时期

复仇的基础在于生物生存竞争的自然规律，它是实现生物个体生存的必要条件，这种自然规律产生了义务观念，在一些社会道德观念中，复仇是被害者亲属以及同族人最大的义务，宗教、道德教义在最初也将复仇奉为至高美德。不仅如此，复仇的完成需要非凡勇气来舍生取义，有时须耐得住卧薪尝胆的艰苦，历经数十年才能得偿所愿，所以社会除了对被害者的遇难寄予同情哀悼之外，往往也对复仇者的义勇忍耐报以称赞，而且被害者遇难、复仇者报仇的过程中几多曲折，往往伴随着悲喜之情，后世或将其写进史书，或改编为小说，或吟诵为诗歌，或搬上舞台，将义士孝子的美名历代传诵。

复仇是法律的先驱。复仇以其相互警戒的作用满足了社会成员的共存条件，复仇普遍存在的时代就是人类社会生活进化到法治时代的前身。虽说如此，但自卫时期和法治时期的过渡并非泾渭分明，复仇义务时期和法治时期前后连接同时相互交叠，前者逐步过渡至后者。于是，自卫和法治是交互补充的关系，笼统说来，复仇义务时期如下所示，伴随着社会状态的变迁逐步地进化到法治时期。

第一，公权未存时期；

第二，公权萌芽时期；

第三，公权确立时期。

首先到来的是公权未存时期。从人类群聚的共同生活初期开始，社会组织就逐步就绪，在通过公权制裁建立起聚居生活所必需的行为规范之前，人们经历了数百年甚至数千年的岁月，在这社会进化期间还未到达这个阶段便衰亡的种族并不少见，因此，在这种原始生活状态里对外自卫的方法只能是通过各自或者共同的实力来反抗侵害并为此报仇。这个现象我们在低等动物界里已经看到，在人类文明初期也同样如此。分布在世界各地的诸蛮族中，现今仍处于半开化阶段的族群，无论是对内的人与人之间，还是对外的族群与族群之间，无一不通过实力防御和复仇的威慑作用来保证自己的生存。在这样的时代里，复仇无论对个人而言还是对种族而言，都是生存竞争中最为重要的必要条件之一，因此在风俗习惯上皆以复仇为美德，是个人或者族群的义务，如果有人不报君父、兄弟、族人之仇，那么将被视为不义者、胆小鬼，会被族人所不齿。所以在原始社会，人们自然不会对复仇进行丝毫限制，反而对不复仇之人施加社会制裁。

在我国也是自古以来就将复仇视为臣子的重大义务，不仅如此，还因为复仇行为需要巨大的忍耐力和勇气，在武家时代，特别能博得社会的同情与称赞。武士为了复仇而向主君请辞时，自然不会受到阻挠，而且在出发之际，主君会提供各种援助，或以宝刀、宝剑相赠以示激励，或赏银以充当路费，在其外出复仇期间扶持其家人，免去武士的后顾之忧。当武士复仇后顺利归来时，旧主一般都会遣人送去纹服、大小佩刀等物件，隆重迎接，封官加爵。另外，当老百姓复仇时，其领主就会给予奖赏，表彰其孝行。无论是何种情况，他们作为忠臣、孝子都会受到社会的普遍赞扬。与此相反的是，如果自己的君父为人所杀却无心报仇，那么会被社会谴责为不忠不孝的胆小鬼，受到社会的排斥，只能一辈子过着见不得人的生活。若是有人不辨“亲子之大伦”，将被视为“士道[1]难容的”“极其蛮横”的人，甚至会因此受到严罚。事已至此，当时复仇被赞颂，根本不存在将复仇视作犯罪的观点。

在我国历史上关于复仇的最古老记录是一首御歌[2]——《久米歌》，乃是神武天皇在讨伐大和途中所作的诗歌。天皇东征进入大和，大和国的土豪长随彦于孔舍卫阪率兵迎战，战事对皇军不利，天皇的兄长五濑命中箭受伤，伤重身亡。天皇立即制定战略，向后撤军，改由纪伊绕道进军，取道熊野进入

[1] 士道：是指优秀男子应遵循之道。——译注

[2] 御歌：天皇、皇族所做的诗歌及和歌。——译注

吉野，逐渐地迫近长随彦的根据地，一举歼灭对手，留下这首《久米歌》。

美都美都斯，久米能古良賀，阿波布爾波，賀美良比登母登，曾泥賀母登曾泥米都那藝弖，宇知弖志夜麻牟。（勇猛的久米部[1]健儿，谷地里长出一株韭菜，我们要连根带叶将其拔掉，我们要将敌人一举击败。）

美都美都斯，久米能古良賀，加岐母登爾，宇惠志波士加美，久知比比久和禮波和須禮志，宇知弖斯夜麻牟。（勇猛的久米部健儿，墙角下种着山椒，我辣在嘴里记心头，我们要将敌人一举击败。）

《日本书纪》中载："昔孔舍为之战，五濑命中矢而薨，天皇御之，常怀愤懑，至此役也，意欲穷诛。"之后就是上述的《久米歌》。我们可以从歌里的"我辣在嘴里记心头，我们要将敌人一举击败"这句歌词中看出天皇意欲复仇的意志，《日本书纪通证》中也记载："五濑命之临终，慨其不报，故天皇以此役为复仇之军，因有夷族之意。"

[1] 久米部：日本上古久米氏属下的武士。——译注

神武天皇之后最著名的复仇故事，便是眉轮王之父大香草皇子被安康天皇所杀，眉轮王三年后杀了安康天皇以报父仇。还有一个复仇故事也很出名。显宗天皇之父市边押磐皇子被雄略天皇所杀，显宗天皇便含恨毁了雄略天皇之陵墓。关于这件事，《古事记》和《日本书纪》的记载稍有差异。《古事记》里写的是显宗天皇对其父市边押磐皇子被雄略天皇所杀之事耿耿于怀，为安抚父亲亡灵，意欲毁坏雄略陵，命皇兄意富祁命（亿计皇子）执行，皇兄奉旨前往，仅掘雄略陵一坨土而返，谏劝天皇放弃破坏御陵之事。《日本书纪》里则是显宗天皇接受了皇太子亿计皇子（意富祁命）的谏言，一开始就放弃破坏雄略陵之事。如今已无法证实哪个描述才是历史真相，但以破坏天皇陵墓来达到复仇目的的行为，在《古事记》以及《日本书纪》中均有记载。《古事记》中显宗天皇问："天皇诏之，欲报父王之仇，必悉破坏其陵，何少掘乎。"亿计皇子答曰："唯父王之仇不可非报，故少掘其陵边。"《日本书纪》中也记载着"志雪仇耻"，然后引用了《曲礼》以及《檀弓》中关于复仇的文字。

上述复仇故事均为发生在皇室的事实，但通过这些故事便可得知，在民间复仇也是广泛流行的。只是在上古时代[1]，复仇是如何进行的、复仇又是如何被人们称赞为美德的，我

[1] 上古时代：是指京城建于大和的5—7世纪的时期。——译注

们今天已不得而知，但从亿计皇子“唯父王之仇不可非报”的言语中不难窥见一个当时普遍存在的观念，即复仇乃孝道之要求。

从中世继承中国文化以来，我国法制的形态已初具规模，在《贼盗律》中已有“已杀者斩”和“杀人应死”的明文规定。此外，国家规定近亲被杀害之人负有起诉的义务，同时制定了不起诉之罪、惩罚私和等法规，约束私力复仇制裁，将其纳入国家法权之中。但即便如此，律令的实施还是渐入困境，法权逐渐衰弱，禁止复仇的命令还是无法保持其效力。特别是到了平安时代[1]，死刑的长久废除让个人私力复仇如虎添翼。

自奈良朝[2]以来，佛教盛行，慈悲为怀、怜悯众生的思想逐渐普及，结果便导致朝廷太过信奉佛法，甚至认为将国法中规定的正当刑罚进行减免都是无上的功德。因此时常出现大赦、特赦，特别是对死囚犯，经常下达“绝者难更续，死者不

[1] 平安时代：以平安京（京都）为都城的历史时代，始于794年（延历十三年）桓武天皇迁都平安京，终于1185年（文治元年）镰仓幕府成立，历经近400年。——译注

[2] 奈良朝：公元710年，日本天皇迁都平城京（今奈良），开始日本历史上知名的“奈良时代”，公元794年，天皇迁都于平安京标志“奈良时代”结束，开始“平安时代”。——译注

再生”的恩典，免其死罪。到了嵯峨天皇弘仁十三年，采纳了检非违使[1]的意见，犯死罪者另受敕令，免其死罪，改判为服十五年以下的苦刑（《类聚三代格》卷二十，弘仁十三年二月七日公文）。从此以后死刑被长久废除，《保元物语》的作者在源为义[2]死刑之处写道：“自从弘仁元年藤原仲成[3]被处以死刑之后，历经帝王二十六代、三百四十六年，被废除的死刑又再次执行。”

虽然死刑废除了相当长的一段时间，但在这段时间并非没有私斗杀人的情况出现。在这个时代，政纲废弛，法权逐渐失去威力，民政懈怠，社会治安逐年恶化，京畿诸国盗贼蜂起，各地都出现私斗纠纷，前有天庆、承平之乱，后有平忠常之叛及阿倍氏、清原氏之乱，再没有比这个时期更加动荡争斗的时代了。在这期间发生的私战私斗里，任何人都能一眼看出很多都是自力复仇，而且在史记中记载的例子也并不少。特别是平贞盛对平将门的复仇战役，以及《今昔物语》中平兼忠的随从为自己死去的父亲复仇，杀了平维茂的随从太郎介，还有《本

[1] 检非违使：日本律令制下，在令制规定的官职以外新设的一个官职，负责监督是否违法。——译注

[2] 源为义：平安时代末期的武将，最后因战败被处以死刑。——译注

[3] 藤原仲成：因试图废黜嵯峨天皇发动政变，但未获成功，最后被杀。——译注

朝世纪》中近江国人能末九弁为报父仇，在三条河原附近杀了右兵卫少尉源重俊，这些都是很出名的复仇故事。到了武家政治的时代，复仇与尚武之风相辅相成，愈演愈烈，至明治维新初期，才开始用法律严禁复仇。因此在我国，复仇习俗拥有全世界几乎无法比拟的长期历史，一直延续到社会达到高度文明时代为止，这主要有自中世以来的三大原因：第一，武士道；第二，儒教；第三，封建制。

第一，武士道。复仇是需要勇气的德行。君父被人所杀，自然不胜追念，甚感愤恨，即使仇敌逃到天涯海角，也必须寻他出来杀之而后快，以报君父之仇。这种不贪生怕死的行为出自为报君父之恩的忠孝至诚，复仇乃是臣子最大的义务，履行该义务之人便会作为忠臣、孝子名垂青史。相反，若是不履行复仇义务之人则被视为胆小鬼、违背道德之人，受到社会的排斥，甚至对于那些不履行复仇义务的家臣，主君会怒斥其为不道德之人，并处以严罚。在庆应元年，富山藩的重臣山田嘉膳被同藩士[1]岛田胜摩所杀，其子鹿之助和鏣马两人无意复仇，因此受到惩罚，被没收了府邸和财产，同时被勒令家人离散，鹿之助和鏣马被处以流放。其宣判书如下：

[1] 同藩士：日本旧时属于藩的武士。——译注

山田鹿之助

其父嘉膳于去岁秋天被杀害，鹿之助本应申请复仇，却不履行此义务，难容于士道，违背道义。特此判决，命其发配边疆。

丑二月廿九日

寄合所[1]

浦山权兵卫殿[2]

池田宗右卫殿

没收山田嘉膳家宅以及家产等，家人归置于亲属家，命其速速离散。

丑二月廿九日

鹿之助弟

定地镳马

其父嘉膳于去岁秋天被杀害，养父弥源太逝世，作为亲子伦理却无意复仇，不得士道，无理至极，命其发配

[1] 寄合所：日本中世、近代农村的自治性集会所，负责对犯罪者的处罚、制定村规等。——译注

[2] 殿：接在姓名或官阶之后的敬称，多用于正式场合和书面体中。——译注

边疆。

丑二月廿九日

寄合所

堀江权马殿

由此可见当时多么重视复仇（参考《史学杂志》第十四期第十二号平出铿次郎氏的论文《论复仇》）。

因此在我国，自古以来在正史、野史、小说、歌谣、戏剧、讲谈、民谣等文学形式中，复仇的故事向来最多，从平贞盛对平将门的复仇战役、源赖朝讨伐长田忠致，到曾我兄弟的复仇、日野阿新丸的复仇、伊贺越的复仇、赤穗义士的复仇等，皆为美谈，脍炙人口，这样的故事数不胜数。其中如曾我兄弟的复仇——源赖朝将军在富士裾野进行狩猎，曾我兄弟混入其中顺利报仇，为了孝义慷慨赴死——这么华美悲壮的事迹深入人心，除了《东鉴》上有详细记载之外，创作于室町时代的小说《曾我物语》更成为我国文学史上的经典。其他以曾我兄弟为题材的歌谣有《小袖曾我》《调伏曾我》《元服曾我》《切兼曾我》《夜讨曾我》《禅师曾我》等。特别是在戏剧领域，以曾我兄弟复仇为题材的戏剧更是不胜枚举。正如式亭三马的《剧场训蒙图汇》中说的“狂言将曾我物语作为演出惯例”，每年从年初就上演与曾我兄弟复仇相关的戏剧，在剧场内供奉曾我神轿，在上演《夜讨曾我》的五月二十八日，剧场内会隆重举行曾我祭典。在如今（本稿执笔的当下）也有很多剧场在年初上演曾我剧。通过这些事实不难看出，复仇的事实深深地博得我国人民的道义称赞，在数百年之后依然感动人心。

此外，赤穗义士复仇的故事也被赞誉为精华，义士之名基本就是大石良雄为首的四十几人的专称，与赤穗义士相关的书籍也以百计数，以此编排的戏剧也有数百种，例如戏剧《忠臣藏》就被赞誉为“戏剧界的安神汤”，一上演便座无虚席，不景气之情形一扫而空，《义士铭铭传》等被称为“说书先生的米柜”。义士们在泉岳寺的墓地至今香火不断，由此可见国民多么地崇敬英雄们。明治天皇在登基元年的十一月，行幸至东京，凤辇通过高轮地区[1]时，特遣御史到泉岳寺为义士们赠言：“百世之下，令人感奋兴起。”此外，在院本中诸如《伊贺越乘挂合羽》《伊贺越道中双六》《花上野誉石碑》《加贺见山旧锦绘》《碁太平记白石噺》《彦山权现盟助剑》《天下茶屋敌讨》《道中龟山噺》《箱根灵验躄仇讨》《敌讨褴褛锦》等，均是脍炙人口之佳作，数不胜数，在野史、小说类中更是如此。由此不难看出，在我国武家时代世人是多么地推崇复仇。

[1] 高轮地区：位于东京都港区的南端，有因赤穗义士之墓而闻名的泉岳寺。——译注

第二，儒教。之前我曾说过，中国的礼教以复仇为臣子、兄弟、朋友之义务。《曲礼》云："父之仇不共戴天"，这是人人皆知、人人唱诵的教义。儒教传入我国之后，也为我国固有的复仇观念增添了道德基础。上文提到过《日本书纪》里记载了雄略天皇陵墓破坏之事，在显宗天皇的诏书中就引用了《曲礼》的"父之仇不共戴天"，以及《檀弓》中"居父母之仇，寝苫，枕干不仕"等。虽然这些有可能出自史家笔下的润色，但可以窥见当时这些教义均被提倡为复仇的道德基础。

第三，封建制。私力制裁存在于无法权存在之所，执行于法权无法执行之所。即便文明已经进化至高级阶段，法权已经确立，但一国之内存在数个独立执法区域，法权尚未统一。还有多个小国并立，形成多个狭隘的执法区域，一旦罪犯直接逃入其他执法区域内，就可容易地躲避逮捕和处刑。因此，即便在法治生活的时代里，复仇者无法依赖法律对罪犯的制裁，只能不远万里地追踪仇人的行迹，以报血仇。

在我国中世之前，关于民间复仇的记录和传说并不多见，但通过国史中记载的皇室复仇的事实就可推测，民间也同样进行着复仇。另外之后也会提到，在中世的法律残篇中，并无擅杀律。到了武家执政的时代，尚武之风兴起，斗殴杀伤成为常事，特别是在曾我兄弟之事后，复仇被大为称颂，导致复仇更加频繁地发生，历史上有名的复仇事例层出不穷。至德川时期，虽然天下太平，但诸侯领地法权各异，因此杀人者常常逃至其他领地，孝子、义仆只能追踪其行踪前去复仇。在我国文明进入高级领域、法制完备的情况下，复仇依然长久地存在，到维新后法权统一了，才最终销声匿迹，因此我国拥有世界上最长的复仇历史。

第一目 复仇义务者[1]

人受到袭击必会反击以保全自身，但假如自己无力反抗而受重创，他日必会报仇雪恨。然而，当有人遇害时，最悲愤难耐的自然是其父母、子女、兄弟等近亲，因此他们必然会手刃仇敌，以平心中愤恨。另一种情况是受伤的一方没有独力反击的能力，便会率领家族近亲前去复仇，或者由自己的家人去追杀仇敌，这些都是人之常情。所以，最初的复仇者皆为近亲，例如父子、兄弟，他们被称为复仇的自然义务者，同时也是第一义务者。

但是，在原始社会，最早被公认为风俗习惯的，便是团体复仇义务。原始社会以血缘构成一个团体，因此在同胞遇害的情况下，被害者至亲之外的族人也同样为此愤怒，不仅作为个体同情被害者，而且将该杀戮视为对本族的凌辱，于是便共同为被害者复仇，这是一种自然趋势。由此便产生了一种风俗习惯，复仇者的范围不一定局限于被害者近亲，同血缘的族人全

[1] 原著中无“第二目”，此处与原著保持统一。——译注

部皆为复仇义务者。

当在若干个族群共存并且相互敌视的情况下，假设各族群在其他方面都无差别，最骁勇善战的族群往往会排挤那些弱小族群，最后必然会消灭其他族群而成为最终的赢家。假设各族群的勇气程度都一致，那么族人较多的那族，必然会压制族人较少的族群，最后成为胜出者。正如斯宾塞（Spencer）所言，假设现在有甲、乙两个原始民族，甲族中一人遇害，甲族人会宽恕这种行径，不一定会去追究、复仇，而乙族则跟甲族相反，有族人遇害必会报仇雪恨。甲族于是就经常受到乙族的侮辱、侵略，最后的结局不是灭亡，就是被驱逐至穷山恶水之处。这就是原始社会里“不宽恕者生存”（survival of the unforgiving）原理（Spencer, *Principle of Sociology*, §560)。

的确如此，当族群中一人被他族人所害，这个族群就在数量上缺失了一份力量，这样不仅会在生存竞争上处于劣势，而且宽恕这种行为、采取不闻不问的态度，便会被视为弱者而受到侮辱，同时也因此削弱自己对外的威严。所以，在原始团体中，当一人受到迫害，全族人必然得负起复仇的义务。同样，被追杀的施害者所在的团体里，假如因为他族的复仇而损失自己一名族人的话，那自己团体的生存能力便会受到影响，所以他们自然不会对这个被追杀的族人置之不理，而是全族人一起共赴难关。当自己的族人杀害了别族人时，即便同族人将这种杀害视为不正当行为，但除非同族人内部出现非议排斥，否则他们就绝不会将这个族人交给对方，任凭处置，因为这是一个族群的耻辱。更何况他们是将这种杀害视作正当行为，就更不可能做出上述举动。这就好比阋墙御侮，全族人都会包庇施害者，一起应对他人的复仇。只有当这种杀害行为已经恶劣到亵渎神灵，或者是卑劣到人神共愤的地步，族人才会不齿与其为伍，将其从氏族中除名，流放他所。而一般在族人间，不管善恶大家都会帮施害者一把，共同拿起武器应对外族的复仇行为。因此，在复仇的情况下，帮助复仇者的全族义务与包庇施害者的全族责任相互对立，往往便因此产生了族战（fend）。

由此可见，相互扶持是保全种族的必要条件，是社会生活的基础，到人类群居之时，就已经是祸福与共，吉凶相庆吊。在原始社会，全族对族人的行凶行为负起责任，也不外乎是相互扶持的现象之一。因此复仇的原始形态是团体行为，全族人皆负有复仇义务，也同时有义务对外抵抗复仇行为。

如上文所述，在原始社会，复仇的发起者和接受者都是存在血缘关系的族群全体族人。在现今，有不少民众仍处于这种原始状态中。例如，居住于高加索中部地区的奥塞梯人（Osseten），同族内若有人遇害，全部同姓者皆有义务去找寻施害者及其家人复仇（Haxhausen, *Transkaukusta*, II.26)。彻尔克斯人（Tscherkessen）以及巴西印第安人也是血缘亲族全体族人负有复仇义务（Pallas, *Reise durch verschiedenen Provinzen des russ.Reichs*, II.387; Martius, *Rechtszustande unter den Einwohnern Braziliens*, 74）。古代的爱尔兰也是将血缘亲族作为社会基础，共同拥有土地，共同对个人的罪行负责（Cherry, *The Growth of Criminal Law in Ancient Communities*, p.20）。

犹太人自古就有同态复仇的习俗（lex talionis），他们奉行反击应该与攻击对等的教义，将血债血偿当作神圣的义务，并称之为“血仇”，假若不履行该义务，将会是终身的耻辱。《出埃及记》第二十一章中载：“（23）若有别害，就要以命偿命；（24）以眼还眼，以牙还牙，以手还手，以脚还脚；（25）以烙还烙，以伤还伤，以打还打”（参照《利未记》第二十四章第十九节、第二十节）。同时，其中还有这么一条：“（12）凡打人致死的，应受死刑。”而且，我们从《撒母耳记下》第十四章中可获知同族人有血族亲族共同复仇的习俗：

> 王问她说：“你有什么事呢？”妇人说：“婢女是个寡妇，我的丈夫早死了。婢女有两个儿子，一日在田间争斗，没有人解劝，这个就打死那个。现在亲戚朋友都针对婢女，要婢女交出凶手，把他处决，以命偿命。”

复仇义务基于血统，所以在只承认母系亲属的原始社会时代，复仇义务者就是同母兄弟、母方的表兄弟姐妹以及母方兄弟姐妹的孩子。复仇的责任也是如此。在非洲蛮族当中，至今仍保留着女系亲属的复仇义务。直到进入父系时代，男方的亲属才成为复仇的当事人，虽说复仇的权利不能移交给外戚，但在那个过渡时期中，有时是由男方和女方共同承担复仇义务，这样的例子并不少见（Post, *Ursprung des Rechts*, S.88）。

复仇义务以及复仇责任由族人共同担负，所以被族群除名之人无须承担该义务，也不肩负复仇责任，这是一个自然的结果。同时，族人对除名者之死自然也无须承担复仇的义务和责任。例如，博戈苏人（Bogosu）面向自己的同族人，在长矛上挂个草鞋，在证人面前举行离族仪式，就表明脱离该族群，此后该人即便杀人，同族人也不会为他对抗仇家，当该人被杀时，族人也无义务为其复仇（Munzinger, *Sitten und Recht der Bogos*, S.28）。

血债血偿就是血仇（Blutrache）。赫尔曼·普斯特认为血仇的观念来源于血统团体的本质，社会的基础是血缘，只要有伤害血缘的行为就必须用血来偿还。因此血统团体制和血仇的产生与灭亡是相同的，当社会组织是血统制时，就必然存在血仇制，当社会组织从血统制进化至地域制后，血仇制便逐渐销声匿迹了（Post, *Bausteine*, §41）。

这样的论点并非不恰当，只是不能不遗憾他的论点不够详细。在血统制时代，社会组织尚未成型，用社会力来保护社会成员的制度还未健全，因此复仇在个人生存以及团体维持上相当必要。当血统团体中的一人被害，全部族人或近亲便负起复仇义务，这样的习俗波及广泛，也不外是种族或是团体生存竞争的一个现象而已，并非一定是起源于血统团体导致血债血偿的思想。在血统制时代，当时政治组织也尚未发达，除了私力制裁之外别无他法。到了地域制时代，即便不依靠血统这样的自然有机关系，人们也能持续地共同生活，因此社会公权力便替代了私力制裁，复仇也不再是保存种族的必要条件，于是该习俗就渐趋消亡。由此可见，血仇和血统团体之间不一定在内容上有所关联，只不过是它们存在的时期相同而已。当社会演进到地域制时代，多个小地域团体依旧并立，或者在尚未出现统一多个地域团体的法制之情况下，复仇依然拥有自卫、警示的作用，与血统制的时代并无任何区别，因此说复仇到了地域制时代便消失了的说法并不妥当。在我国，从血统制进化到地域制的数百年间，还依然保留着复仇习俗，到了明治维新后，由于法权统一，复仇才开始逐渐退出历史舞台。由此可见，血仇与血统制不可分离的因缘，以及到了地域制时代复仇便消失的说法，只能说是拘泥于血缘以及血仇词汇本身的一个观点。

到了法权诞生时期，习俗、宗教、德教、礼仪等社会统制手段逐渐转变并产生了法律，但在初期，警察等法律执行机构尚未完备，因此在法权顾及不到之处只能依靠个人的自力救济来保证其自身生存。所以，法权和自力救济起到了相互补充的作用，当自力不足时，就以法权来保障自身，当法权鞭长莫及时，就靠自力来自我救济。因此，虽然文明已经稍有进步，但复仇往往和杀人律并存，国家法律规定“杀人者死”，但同时也有“杀之而义者无罪”。一方面，复仇乃“义杀”，不对此进行惩罚；另一方面，复仇被视为美德而广为颂扬。这便是私力公权化的过渡时期。

第二节　复仇限制时期

复仇被视为美德，亲戚、朋友、族人均负有复仇义务，这是原始社会形态遗留下的习俗。在原始社会，社会统制力尚未发达，社会成员只能依靠自卫来保证生命安全。随着社会组织逐步完备，国家可以通过社会力统制个人，自卫生存法的必要便逐渐消失，同时国家也意识到私斗妨害公共安全，于是便想方设法铲除复仇和私斗的弊害。然而，由于原始社会形态里复仇是生存竞争的必要条件，所以视复仇为美德的观念代代深入人心，即便复仇和自卫的必要性不存已久，但复仇习俗却长久留存，仅用一朝一夕便想断然废除复仇自然是相当困难的。故社会统治者或是限制复仇义务者的范围，或是限制复仇的方法，或者设置复仇调停机构，想尽一切办法来有限地允许复仇存在，但前提是复仇不会导致社会凝聚力的溃散、不会危害社会治安。假若超出设定的限制范围，该复仇便会被视为私斗而受到禁止，或者被视为擅杀而受到处罚。这是公权作用于私力制裁的开端。

上文中提到，复仇义务是团体连带义务，团体中的一员被杀，全体成员皆有义务为其复仇。然而，连带复仇义务的范围随着团体生活的扩张和社会组织的完善而逐渐缩小。

团体生活扩张和社会组织完善导致的复仇限制起源于社会统制力的发展，各个社会文化程度以及社会状态不同，各民族所采用的方法也并非一致，以下便列举若干最为普通的方法。

（一）规定复仇义务者的范围；

（二）规定复仇义务者的顺序；

（三）设置复仇避难地；

（四）设置复仇调停的机构；

（五）需要提交复仇申请；

（六）需要获得复仇许可；

（七）允许复仇赔偿。

第一日　复仇义务者的范围

团体生活的扩张有两种情况：外部扩张和内部扩张。征服、合并属于前者，人口的自然增长属于后者。全族义务以及全族责任在社会向外扩张的情况下，在形式上就失去了全族义务和责任的性质。在一个团体通过征服吞并了另一个团体，或者几个团体为了对抗共同的敌人而合并为一个新团体的情况下，复仇的连带义务、连带责任当然并不涉及新团体的全体成员。复仇义务为血缘义务，当一个血统和另一个血统兼并后，其中一个血统需复仇之时，新团体的其他血统成员自然无须担负复仇义务。因此不管是复仇还是抵御复仇，复仇义务都不会因为团体整合而扩大范围，毕竟依照惯例复仇只局限于同胞族人之内，从团体的角度来看，便如同团体的全体义务变成了部分义务。

不仅如此，新团体里的甲血统族员杀了乙血统族员，两个血统的全体复仇义务与抵御复仇义务便对立了，结果就会造成族战，该新团体也许就由于内战分崩离析。族战产生于单个团体时代的自卫或防御作用，但假如允许在复合团体内产生族战，其弊端便是：个人的不幸以及暴行不仅让整个团体陷入战乱，而且一旦开战，族人的怨恨便会长久郁结，攻击与反攻击交替进行，战乱便永无停息之日，有时甚至会延绵数代，因此两个氏族便会一直相互警惕，族人无法安居乐业，最终可能导致全族衰败甚至灭亡。所以人类的社会经验不断叠加、不断丰富，逐渐察觉到族战的弊端，于是开始进行限制，族战的罪魁祸首——全族复仇义务的范围由此被缩小，义务以及责任只限于直接利害关系者。

《春秋公羊传》在“纪侯大去其国”一段中载，齐襄公为报九世祖之仇灭掉了纪国，因为国与君乃一体，报国君之仇“虽百世可也”。朱子也曾说过：“若夫有天下者，承累世无疆之统，则亦有万世必报之仇。”（《戊午谠议序》）其他学者亦认为，根据亲属等级来限制复仇是百姓之事，但即便已经对百姓限制了复仇义务者的亲属等级，唯独为国报仇的义务无须限制。可以说这是团体义务观念的遗存。

在血缘团体因人口增加而内部扩张的情况下，随着成员的增加，丧失一个成员给整个团体生存所带来的影响逐渐减小，因此在过去小团体里因为生存竞争而产生的全族相互保障的责任，到了大团体时代反而会给所有人带来危险，甚至会妨碍团体的治安、危及团体的生存。所以一个团体因成员的增加而内部扩张的时候，便会意识到有必要尽量缩小复仇范围来维持治安，随着社会组织的完备，人们开始限制复仇。

全族复仇义务的习俗来自血缘团体，而血缘团体扩张导致成员增加后，有直接血缘关系的自不必多说，即使是与被害者没有任何血缘关系的成员，也会由于血缘复仇义务的延伸常常与其他族人一起共同负有复仇义务。例如，中国古代的礼制承认朋友之仇，另外其他民族里也存在邻里复仇义务。只是这些义务在义务顺序里排列在血缘者之后，这在下文中将会提到。

血缘复仇义务的范围限定程度，会由于民族和时代的不同而有所差异，但大体上限制范围的大小取决于文化开明程度，随着社会组织的完善、社会统制力的发达，义务范围逐渐缩小。例如，非洲的博戈苏人认为同祖的七代之内皆为血缘范畴，同血缘者相互负有复仇义务，这种限制亲属等级基本上就是形同虚设，实质上还是全体族人的共同义务（Munzinger, *Sitten und Recht der Bogos*, S.79）。古代的威尔士人将复仇义务限制到九等亲，这类限制也是徒有虚名，实质上与全族人皆为义务者没有区别（Watter, *Das alte Wales*）。但是，与原始社会无差别地承认全族义务的情况相比，这也算是一定程度上的限制，可将其看作复仇义务限制的开端。在阿拉伯的古法中，复仇义务被限制至五等亲（Post, *Bausteine.f.allg.Rtw*, S.147）。中国的《周礼义疏》上载："复仇可尽五世。"朱子注：五世乃高祖至玄孙，"五世则亲尽服穷而遂已也"，在此范围内，"犹在乎必报之域也"。至五世则亲尽服穷，五世以内为必报之域，虽然几乎等同于亲属皆为义务者，但从当时的礼制来看，在道义上的复仇义务者范围比亲属的范围要来得大。《曲礼》中有这么一句："父之仇，不共戴天；兄弟之仇，不反兵；交游之仇，不同国。"《檀弓》中也阐述了父母、兄弟、堂兄弟之仇的复仇道理。而且父母、兄弟、堂兄弟之仇皆源自血缘关系，为"天属之仇"。故以此而推，复仇义务在血缘之外时，可参见《周官·调人》中的记载："父之仇，辟诸海外；兄弟之仇，辟诸千里之外；从父兄弟之仇，不同国；君之仇视父，师长之仇视兄弟，主友之仇视从父兄弟。”（《周礼义疏》卷五）贾公彦注：“此经略言，其不言者，皆以服约之。”可知接受此说法的血缘亲属皆为复仇义务者。

我国中古时期便开始出现禁止私斗擅杀之律。例如，在北条氏的《御成败式目》里，针对杀害砍伤的罪行便以重罚加以禁止，即使是为父母、祖父母之死报仇，杀了凶犯，法律也不会宽恕这样的个人私刑报复行为。室町幕府的法制大体沿用镰仓幕府的遗制，禁止私斗擅杀，但是自古以来以复仇为美德的道义观念在武家时代与尚武之风相互交融，复仇依然无法杜绝。因此，室町幕府的威严扫地，在群雄割据、各立律法的战国时期，偶尔也会允许至亲为死者复仇。

天文五年四月，伊达稙宗制定的伊达氏法典《尘芥集》里禁止私斗擅杀，虽然这部法典模仿《御成败式目》，但在亲子的情况下，在禁止复仇的规定之外另设了一个范围极其狭窄的特例：

> 一、不可擅自为父子、兄弟复仇，然裁决后，于皇土中相遇，无论父之敌、子之敌，复仇无罪。

虽然文中有些语义含糊的措辞，但大致之意却是明确的。

也就是即使对方是父母兄弟的仇敌，但也不可私自复仇，此为国法所不允许。然而该仇人虽已受到国法惩治，刑满之后却依然在该区域内活动，那么从不共戴天之仇的情感上出发实在令人无法忍受，至亲遗属意欲复仇也无可非议。假若是这种情况，那很明显该犯人之前的处罚便不是死刑，而是流放这样的非死刑。禁止滥杀仇敌的精神是为了法权的落实、国法权威的保持，一旦受到国法的制裁，在英国法中就等同于“法外人”（outlaw），即使对其实施报复，也无损国法权威。

在其他国法中，往往将复仇义务范围限制为至亲复仇。《长曾我部元亲式目》中规定：“一、父母之仇子女报，兄长之仇胞弟报，若胞弟之仇兄长报，便属逆道而行。侄甥不可为叔伯复仇。”此外，《甲阳军鉴》[1]中载：“子女为父母、胞弟为兄长报仇为顺，父母为子女、兄长为胞弟报仇则为逆。侄甥为叔伯报仇也为顺，不得不报。”相比前者不承认侄甥为叔伯报仇，后者允许了此项，复仇义务者的范围扩大了。时代的思想认可复仇的程度在逐渐加强，在整个过程中上述现象是值得我们注意的地方。

接下来进入德川时代，在因循自古以来的道义观念上，父

---

[1]《甲阳军鉴》是日本江户时代编著的甲州流派的一本著名兵书，作者是高坂昌信，武田四名臣之一。——译注

母之仇也是必报不可，但限制的方法主要是通过提出申请和获得批准，我将在下文对此进行解说。

第二目　复仇义务者的顺序

上文中提到，复仇从主动的方面来讲，是全族的共同义务，从被动方面来讲是全族的共同责任，而复仇的心理基础是看到自我生命一部分的亲人被害时的怨恨，所以共同义务者根据亲疏远近的不同，愤恨的程度也有深浅之分。与之相随的便是复仇的念头也有强弱之别。在被动方面亦如此，虽然杀人者的同族皆有责任共同抵御复仇者，但从复仇者的角度来观察，对杀人者的愤恨之情，与对该族其他族人的感情有着天大的差别。在共同责任抵御复仇的习俗下，将憎恶杀人者的感情波及该人的同胞，不过是复仇者将余怒发泄到其族人包庇并援助凶犯的行为上。在共同义务者和共同责任者中，根据愤恨情绪的程度不同，才开始在心理上具有了复仇的顺序。于是该心理发展成为习俗，成为礼制，成为法规，形成了复仇义务以及复仇责任的顺序，到最后，义务和责任都仅限于顺序首位之人。

我们可将中国的礼制当作一个最好的例子，来显示族人的共同复仇义务是如何从同时义务慢慢演变成顺序义务之路径的。根据《曲礼》《周官》记载，复仇虽然涉及君父、兄弟、堂兄弟、师长、朋友之仇，但其中却有轻重先后之分。关于父之仇，《曲礼》说“不同戴天”，《檀弓》里孔子答学生子夏：“寝苦，枕干不仕，弗与共天下也。遇诸市朝，不反兵而斗。”复仇义务中以此为最重者。关于兄弟之仇，《曲礼》说：“不反兵”，《檀弓》说：“仕弗与共国，衔君命而使，虽遇之不斗”。此为复仇第二位次。若是从父昆弟之仇，《檀弓》说道：“不为魁，主人能，则执兵而陪其后。”关于朋友之仇，《曲礼》只简单提到“不同国”。这些虽然皆为亲戚朋友的复仇义务，但恩情有厚薄、情谊有轻重，这些义务彼此之间皆各有差别。根据吕大临、郑康成的解说，所谓“不共戴天”，即孝子与仇人不共存于世，“寝苫不仕”则是以丧礼自处，“枕干”就是寝寐不忘仇，一直贴身携带兵器，“不仕”则是由于负有舍身复仇的义务，因此不为官，“遇诸市朝，不反兵而斗”，是指虽然市集不是适合战斗之处，但父母之仇乃最大义务，必须立即与之决斗。“仕弗与共国”说的是兄弟之仇与父母之仇不同，虽然可以做官，但不可同朝为官。既侍奉主君就不可废君命，因此奉君命行事，即使路遇仇人也不与其争斗。假如争斗中败下阵来，便会因私自报仇而耽误公事。从父昆弟之仇就是“不为魁”，自己不出头露面，由族亲兄弟的主人报仇，自己手握兵器在后面协助即可（《礼记义疏》卷五、卷十）。这些皆表明了根据血缘的亲疏，复仇的义务亦分轻重。马晞孟曰：“先王以恩论情，以情合义，其恩大者其情厚，其情厚者其义隆，是故父也、兄弟也、交游也，其为仇则一，而所以报之者不同。或弗共戴天，将死之而耻与之俱生也；或不反兵，将执杀之而为之备也；或不同国，将远之而恶其比也。”此外，游桂也对《曲礼》注解道：“子不得报之则兄弟报，兄弟不得报之则交游报。”湛若水也说过：“父为急，兄弟次之，交游再次之。”这些事例足以彰显恩义的厚薄决定了复仇义务的先后（《礼记义疏》卷五、卷十）。

英国古法中也留存有承认复仇义务顺序的痕迹。亨利·德·布雷克顿（Henry de Bracton）说过：“当有人意欲通过重罪上诉（appeal of felony）为死者复仇时，男子不问年龄都先于女性，至亲先于其他亲属。”通过上诉来复仇的意义就在于，这体现了它正处在由于社会力的转变导致私力救济向公权制裁转移的过渡时期。由此，在国家开始约束私力救济、实施公权制裁的诉讼上，决定上诉权利者的顺序，其实质就是复仇义务者之间的顺序。

在各个民族，随着社会组织的逐步完善，复仇的全族义务、全族责任的弊害也逐渐为人所感知，创教者和立法者皆在教义或法规中将其设定为个人义务与个人责任。例如，犹太人一开始也存在全族复仇的习俗（《约书亚记》第七章第二十四节），摩西将其修改为个人责任。《申命记》第二十四章第十六节中载：“不可因子杀父，也不可因父杀子；凡被杀的都为本身的罪。”穆罕默德也对全族复仇的习俗进行了限制，从经文中便可得知，《古兰经》第十七章《夜行篇》中载：“你们不要违背真主的禁令而杀人，除非因为正义。无辜而被杀者，我已把权柄授予他的亲戚，但他们不可滥杀，他们确是受援助的。”在如今伊斯兰国家的法律中，依然遵行上述教义，拥有复仇权利之人只限于被害者的至亲，沙斐仪教派（Schafiit）与阿兹姆教派（Azemit）又特别将权利人局限于被害者的继承人（Tournauw, *Das Moslenische Recht*, S.239）。

俄罗斯古代也盛行全族复仇的习俗，直至雅罗斯拉夫一世（Jaslav）在《罗斯法典》（Pravda ruskaja）中将复仇义务的范围限定为至亲。法典第1条规定：“如果某人杀害了他人，被害人的兄弟可以为他复仇；子可以为其父；父也可以为其子；或者是侄子为其伯叔；外甥为其舅父，向凶手复仇。”（Evers, *Das aelteste Recht der Russen*, S.264）

此外，门的内哥罗的达尼洛一世（Prince Danilo I Petrović-Njegoš）颁布的法典《门的内哥罗王国普通邦法》（Zakonik Danila Prvog）第39条规定：“复仇只能针对凶犯，不得波及凶犯的亲属。”（Post, *Anfaenge des Staats-u. Rechtslebens*, S.181）

条顿民族产生个人责任是到了6世纪以后。《西哥特法典》（Westgota lagen, vi.1.8）中规定：“一切上诉只能针对犯罪者。不必担心父因子、子因父、兄弟因兄弟而被起诉。作为有罪者被起诉的只有凶犯一人。”从该条中明显可以看出，该规定修改了旧俗（参见Beuchet的著作）。然而，根据萨瑟兰的记叙，大部分条顿人依然维持着共同责任的习俗直至13世纪（Sutherland, *A Origin and Growth of the Moral Instinct*, II.p.166）。

通过上文可知，复仇者的范围渐趋缩小，从全族渐渐转移为个人，虽然看上去是公力制裁转移为私力制裁，但实质上不过是社会力逐渐发展到控制社会成员行为的一种现象。族战的存在，终究是因为社会全体的力量不能控制部分复仇，因此社会事件的结果都听凭个人感情行事，那么同情或愤怒的后果便是让全族人执起兵器，尤其是在单一团体的时代，由于团体生存竞争的需要，复仇便成为义务。当社会是复合团体时，族战明显会产生内乱，成为社会分崩离析的原因，因此，为了根除族战的弊害，维持社会治安，国家或是通过舆论、习俗、宗教教义、礼制等启发社会良知，或是通过作为社会精神核心的首领之命令等手段，来控制社会成员的感情，只允许个人将复仇限制在一定范围之内。由此，族战这样的一般私力制裁逐渐得以被禁止，只有属于公权力承认的复仇者范围之内的人才可实施自力制裁。

第三目　复仇避难地

一、避难制

在社会统制力发展的初期往往能观察到避难地（asylum）的设置，这也是整治复仇血债乱象、控制私力制裁、实施公权力的一种方法。“避难”这个词，原来主要用于杀人者逃到神圣不可侵犯之地来躲避复仇的情况，虽然避难一开始是禁忌产生的效果，但发展到后来，就演变成为广泛地统称一定的场所，或是在特定人的保护下外逃以躲避复仇、刑罚、虐待等情况。

自古以来学者就将避难分门别类地进行论述，致使其范围变得越来越广。17世纪卡尔豪鲁（Carlholui）著有《避难论》（*Tractatus de asylis*, Upsala, 1682）一书，将避难分为两类，一类为“物的避难”（Asyla Realia），另一类为“人的避难”(Asyla personalia)。赫尔曼·普斯特也采用了此等分类，分为“地的避难”（Ortliches Asyl）和“人的避难”（Personliches Asyl）(Hermann Post, *Grundlagen*, S.414)。科勒在这个基础上多加了一个“时的避难”（Zeitliches Asyl），将避难分成三类（Kohler, *Lehrbuch der Rechtsphilosophie*, S.188）。而赫勒维希（Hellwig）将避难者分成三类，分别为“罪人避难”（Verbrecherasyl）、“外人避难”（Fremdenasyl）和“奴隶避难”（Sklavenasyl）（Hellwig, *Das Asylrecht der Naturvoelker*, S.2）。

避难制度（Asylrecht）出现在私力制裁进化至公权制裁的过程当中，我们通过研究诸多民族习俗便可明晰。最近有不少学者发表研究报告，承认避难习俗与法律的进化具有重要的关系。赫尔曼·普斯特的《法的基本原理与法律发达史概观》（*Die Grundlagen des Rechts und die Grundzüge seiner Entwickelungsgeschichte*）、科勒（J.Kohler）的《法学舞台前的莎士比亚》(*Shakespeare vor d.Forum der Jurisprudenz*）和《法哲学讲座》(*Vorlesung über Rechtsphilosophlie*）等著作中皆主张这一观点，其中赫勒维希的《自然民族的避难法》(*Asylrecht der Naturvoelker*）以及《大洋洲的避难法》(*Asylrecht der Ozeanien*）中记载了有关该问题的最为详细的研究。

当父母、子女、兄弟等近亲被害时，愤恨的情绪无法用法律轻易地加以抑制。因此，虽然社会秩序已经完善，国家法制已定，但针对杀害罪的复仇是反射性的行为，需要一个如避难地这样的缓冲地带，将凶犯安置到复仇者无法进入的区域，等待复仇者的复仇热血冷却，然后再提供赔偿，或者准备审判，以此将私力制裁引导为公权制裁（Frauenstädt, *Blutrache und Todeschlagsühne*, S.67, 68）。假如避难权是永久有效的话，这又会被看作针对法权的一种对抗，但假如像摩西律法或日耳曼民族法那样，避难权是为提供赔偿或准备审判而设立的临时权利，则它便成了一种维持法权的方法。

福尔德（Fuld）认为避难制也存在于印度，这是个世界性的普遍现象。他得出结论，只要是存在复仇习俗的社会，必然会有去除复仇弊害的避难制（Fuld. S.296）。

二、避难习俗的起源以及避难地

避难习俗产生时民俗文化已稍有进步，人们已经意识到私斗危害社会治安、破坏团体凝聚力，于是避难习俗作为一种缓和复仇的手段逐渐被人们所采用。在一些半开化民族中，尚不知道该习俗的为数不少。例如在澳大利亚的土著人、非洲的布须曼人（Bushman）、霍屯督人（Hottentot）那里就看不到避难习俗的存在。

澳大利亚土著的生存环境恶劣、土地贫瘠、物产稀少，少数人群居，形成一个个小群落（Horder），在广漠的原野上过着漂泊的游牧生活，仍未形成拥有固定住所、有组织的社会生活。因此，要保障每个人自己的身体、生命以及所属物，只有借助于各自的防御和复仇的威慑。由此，复仇便成为每个人的义务，尚未出现以避难、赔偿等方式来缓和复仇的现象。只要是杀人，不论是误杀还是谋杀，就必须血债血偿（Hellwig, *Das Asylrecht der Naturvoelker*, S.6）。

非洲的布须曼人也是小群落，过着逐水草而居的游牧生活，到处狩猎，四处漂泊，无固定住所，尚未过上有组织的社会生活。因此，也没有能够领导民众、解决争议的头领，于是要保障自身的生命财产安全，只有通过自救或者亲属的复仇。

霍屯督人与布须曼人相比，其文化稍显进步，但也同样没有罪人避难的习俗，虽然有些部落接触过白人，受其文化影响，拥有避难时代之后的刑法，但是一般霍屯督人并不遵行罪人避难的习俗（Hellwig, *Das Asylrecht der Naturvoelker*, S.25, 26）。

避难制起源于禁忌的习俗，从神不可侵犯的信念中产生圣地的不可侵犯性，进而产生进入圣地之人不可侵犯，此为禁忌传播的常态（参见拙著《法律进化论》第三册:《禁忌与法律》)。在神殿、祭坛以及其他圣地大开杀戒，是最严重的渎神罪，触犯此罪者将受冥罚。正因为有此信念，就常常有人害怕受到他人攻击，逃至圣地以求避难。特别是在社会组织尚未完备、无生命保障的社会中，躲进圣地避难便渐趋发展为一种习俗，这样的情况并不少见。神殿等圣地的禁忌所产生的不可侵犯性对避难有效，一个民族如果长久地拥有此习俗，那么酋长、高僧等权力者往往会特意设置出避难地，来维持社会治安。桑威奇群岛（Sandwich Islands）的避难制便是一个极好的例子。

在桑威奇群岛，复仇是遗属对死者的神圣义务，通过复仇可以告慰亡灵，岛上的居民迷信，若是不复仇告慰亡灵，死者灵魂便会作祟，因此，复仇的习俗十分盛行。不仅如此，由于人们也迷信死亡是诅咒的结果，所以不仅要在他杀的情况下复仇，往往连病死或死于非命都归结于是他人的诅咒，要对那些疑似诅咒者进行复仇。由于这些迷信的存在，复仇频繁发生，酋长担心人口会因此骤减，遂深刻体会到必须破除这个会将民族引向灭亡的陋习。由此，在公元16世纪后半期，桑威奇群岛设立了五个避难地（puhonua），由此停止了复仇带来的治安混乱和人口锐减。在上述的五个避难地中，其中有一个在夏威夷群岛的火奴鲁鲁（Honaunau)，堪称避难地起源的范例。这个地方曾经是此岛的首府，是基夫圣殿（Hare o Keave）的所在地，所以该地区自古便是一个禁忌所在，是神圣不可侵犯之地。该地区的人皆受到神灵的庇护，即便杀人者这样的罪人，一旦逃到这个地方，遗属便不能再追踪复仇了。火奴鲁鲁的避难地大小为纵向750英尺、横向440英尺，其间建了很多小屋，作为逃难者的滞留地。逃难者一旦进入该避难地，在一定期限内是不被允许离开的。例如，战争期间的逃难者在停战之前都不得离开，复仇的避难者在一定的期限内（两天或三天）必须停留在神圣避难地（puhonua），即便复仇者放弃了复仇，避难者也依然有滞留的义务（Jarves, *History of The Hawaiian Islands*, 3rd., p.34）。在此避难期间，避难者必须向神灵供奉牲畜来洗清自己的罪孽，并且感谢神灵的庇护。当完成此项滞留祈祷后，避难者的身体便成为一种禁忌，具有不可侵犯性，即便日后过了滞留期限离开避难地，也依然受到神灵的庇护。因此，听说逃到避难地的人或是出于报恩，或是害怕离开后有被复仇的危险，很多人终其一生都在该地侍奉神灵。

汤加群岛（Tonga Islands）的避难习俗跟桑威奇群岛非常类似，也将祭祀死者的圣地当作避难地（Hellwig, *Das Asylrecht der Naturvoelker*, S.15）。

在新几内亚，神殿是不可侵犯的圣地，在圣地内杀人是对神的大不敬，触犯者将会遭受天谴，手脚萎缩、剧烈疼痛、痛不欲生。因此，神殿是最安全的逃避场所，杀人者一旦逃入圣地，便可逃避仇杀。此外，过失杀人者在支付被害者家属赔偿金后必须远走他乡（Hellwig, *Das Asylrecht der Naturvoelker*, S.7）。

避难制起源于禁忌，神殿等圣地普遍都具有避难所的性质。在埃塞俄比亚，大教堂皆为避难地。另外教堂附近的房屋也同样具有避难性。而且主教还可扩大避难地的范围。19世纪初，救世主教堂的主教（Bishop of Madhana Alam）宣布他的管辖所及之处皆为犯罪者的避难场所。这些房屋多半皆成为贵族的住宅，贵族们往往与僧侣相互勾结，利用其避难性来对抗国王的权力。此外，在亚历山大，不属于大主教的独立教堂也同样具备避难性，其他教会本院的所在地阿克苏姆（Axum）、伊苏姆（Isum）、基拉查（Kiratza）等城市，以及埃塞俄比亚的首都贡德尔（Gondar）[1]郊区的埃采赫贝德（Etscheghebed）也同样具备不可侵犯的避难地性质。在人口众多的城市附近设置避难地，这对刑法的影响不可谓不大，但在埃塞俄比亚，复仇义务的观念已经淡薄，而刑法还未能取代复仇，因此仇人如欲通过向复仇者提供赔偿金来获得和解，就需要先逃往避难地后再慢慢与对方交涉。假若复仇者拒绝接受赔偿，那么仇人便会失去避难

[1] 贡德尔是埃塞俄比亚的旧首都。——译注

的权利，就要被引渡给复仇者，这在后文中将会提到（Hellwig, *Das Asylrecht der Naturvoelker*, S.53）。

非洲的喀非尔人（Kaffirs）进入赔偿时期后，与此相应的便是避难制的广泛推行。大酋长（Inkosi）的居所、墓地以及守墓者的房屋皆不可侵犯，只要不是针对大酋长本人的犯罪，上述这些地方皆为所有罪犯的避难地，害怕被追杀的杀人者可以逃到这些地方避难。

赫勒维希将大酋长的墓地以及守墓人住所具有避难性的原因归结于同族人的灵魂不灭和灵魂转移的信仰之上。生前就具有神性的大酋长的灵魂会转移至墓地以及守护墓地的卫兵身上。因此进入大酋长墓地，或者进入卫兵住所之人便会受到酋长灵魂的庇佑（Hellwig, *Das Asylrecht der Naturvoelker*, S.31–32）。

酋长的身体一般都被视为禁忌。因此他的住所也是禁忌，具有不可侵犯性。在新喀里多尼亚省[1]的塔库利族（Taculli）中，假若杀人者或其他罪犯逃入酋长的住所或帐篷内，同时酋长也不拒绝，那么便可躲过复仇者的追杀。此种避难权本身就来自酋长禁忌，所以犯人只要一离开酋长居所，便会即刻失去该避难权。但是，如果酋长意欲在居所之外继续保护该犯人，就得给他穿上自己的一件衣服，那么酋长禁忌便可相应传

[1] 新喀里多尼亚省是加拿大不列颠哥伦比亚省的旧称。——译注

递至此衣物之上（参见拙著《法律进化论》第三册:《禁忌与法律》）。以此，复仇者便无法攻击仇人，不能使得该衣物沾染血污。

密克罗尼西亚（Micronesia）群岛上也普遍存在着避难习俗。避难地和其他地方一样，也多为圣地，但在该群岛上称得上是神殿的地方几乎没有，所以躲避仇杀的人们通常都会跑到酋长的墓地里。杀人者一旦逃到酋长的墓地，复仇者便不能追杀至该圣地。如果在圣地里复仇，亵渎了神灵，便会遭到该墓地亡灵的惩罚。虽说这是群岛上普遍存在的习俗，但每个小岛上的避难习俗又都有各自特殊之处。

帕劳岛（Palau）现今也已度过复仇时期，进入有刑罚法规的时代，但根据赫勒维希的说法，该岛的人民之所以能过上比较文明的法律生活，主要原因在于避难习俗的广泛推行，该岛上每家每户都是不可侵犯的避难地，杀人者逃入居民住所，在滞留期间复仇者就无法对其进行攻击。因此，岛上所到之处皆为避难地。其中特别是酋长、大酋长和僧侣的居所更是受到神灵的特别庇护，所以很多人都到上述的地方避难。每家每户皆为避难地具有两个原因：其一是复仇者害怕在居民住所大开杀戒将会触怒该家的守护神（Kalits），会因此遭到报应；其二是居家的主人担心若是拒绝避难者的避难要求，将其逐出家门，使其因仇杀而死亡，该人的怨灵就会上门作祟。所以，虽然该民族尚处半开化状态，但由于该岛如此普及避难习俗，复仇便较早地绝迹了，初现刑罚发展的端绪（Hellwig, *Das Asylrecht der Naturvoelker*, S.17.23）。

避难制通常在血亲共同责任的习俗既已消亡、个人责任观念发生之后才得以充分发展。在杀人者的亲属皆得为杀人行为负责的情况下，除非有个可以让大多数人逃难并长久滞留的避难地，否则便难以达到避难的目的，因此，当人们害怕遭到报复，想要避难时，只能率领同族成员逃往异乡。加利福尼亚的印第安人（Californians）对杀人行为采取亲属连带责任，假如杀人者逃到圣地避难，他就只保住了自身安全，却把危险转嫁给了亲人，这会被认为是卑鄙的行径。所以，虽然礼拜堂具有避难性，但极少有人会逃往此处避难。

避难习俗分成遁入避难和外逃避难两种。前者是罪人逃入诸如禁忌场所或其他特设的避难地等不可侵犯之处来躲避复仇的危险，后者是罪人远逃他乡来远离复仇的危机。前者是通过令复仇无法实施来达到避难的目的，效果明显；后者却不过是令复仇增加难度而已，避难的效果并不理想。《周礼》中记载的“君父之仇辟诸海外，师长、兄弟之仇辟诸千里之外，兄弟朋友之仇辟诸国外”，就是指外逃避难。我国中古律里的“移乡制”亦为此类。在萨摩亚群岛，各部落之间并无相通的统一权力，各个部落人们之间的关系如同外国人或敌人般彼此对立，因此杀人后害怕遭到报复之人常常逃到其他部落，该部落为了维持其境内治安，就会庇护逃难者，不允许复仇者追杀至该部落境内。所以，萨摩亚群岛的避难习俗就如赫勒维希所说，同时兼有罪人避难和外人避难的性质。然而，这样的避难习俗和逃往圣地的避难不同，只是由于民族对立的形势，才导致禁止外民族进入境内发生争斗，假若避难者重回故乡，那么依然有遭受报仇的可能。因此，一旦远逃他乡之人，往往终其一生滞留他乡。另外在避难者故乡，人们会烧了他的房子、没收他的财产或者终生禁止其返乡。在原始族群中，人口的增加就如同该部落战斗力的增强，所以萨摩亚群岛也是如此，不仅不拒绝避难者的入境，还欢迎并允许他永久居住此地。但是，这样的避难者自然无法享受与该部落成员同等的权利，他们只能是二等公民，而且常常沦为奴隶（Hellwig, *Das Asylrecht der Naturvoelker*, S.14.18）。

在将复仇视作血亲义务的民族中，被害者的全族人都要对杀人者的全族进行复仇，并且还设置了复仇的顺序，复仇就是一场种族之间的战斗，假如要逃难，杀人者必须带上全族人一起避难。然而，在自己故乡里能同时容纳很多逃难者并令其长久滞留的避难地实在太少了，由此，如果举家避难，则只能逃往异国他乡。非洲塞内冈比亚的富路普族（Fulup）实行的就是族群对族群的全族复仇，杀人者意欲躲避复仇，就必须举家逃往异乡，等待复仇者的怒火平息。习俗上对该避难期限有所约定，一般为五年，五年后杀人者再举家重返故土，赔偿被害者遗属牛一头，便可和解（Hellwig, S.80）。这种避难制在非洲的库纳玛人族群中也是如此，多含有流放的意义，可以此来平息被害者遗属的愤怒，满足社会的正义感，之后用相对轻微的赔偿来达到和解的目的。

切罗基人（Cherokees）在18世纪初就拥有避难城市，该城市内严禁流血冲突，一些杀人者逃入该市便可免去被复仇之忧。但是，犯人逃入该地、获得神灵的守护之后，假若犯人因为危险去除便随心所欲离开该市，便等同于愚弄神威，所以，一旦避难者来到该市，这辈子便不被允许离开这里返回故乡。因此，逃至避难城市，就如同接受终生流放的惩罚。

非洲的巴扎族以及库纳玛族，允许被害者的近亲使用私力制裁，当复仇者无法自力制裁罪犯时，公力制裁便开始实施，这是一个处于复仇期和刑罚期之间的时代，与此同时，政府也认同罪人的逃避权在全族治安维持上极其重要，便将复仇者与仇敌区隔开来，尽可能地避免私斗流血的惨剧。巴扎人和库纳玛人居住的州不同，则法权也各不相同，就如同我国的封建时代，一州的杀人者逃往他州，复仇者便无法追杀至该州境内，而且，犯罪人的所在地也不能够对该州提出引渡罪人的要求。在同一州内虽然没有法律上的避难权，但假若杀人者逃入居民住所内，该家的主人就会为自身名誉而庇护罪人，即使复仇者前来也会拒绝他的引渡要求，之后主人带上护卫者，将罪人送至州边境，让其逃往他州。在这种情况下，杀人者逃往的居民住所只不过是个中间过渡逃避地，只有越境进入他州才可获得真正的安全。法律之所以允许一家之主如此行为并且不将该行为视为藏匿罪，是因为可通过此举防止自己境内的斗殴骚扰事件、维持境内治安，同时让罪犯外逃，也就等同于将其流放异乡，以此来宽慰被害者遗属的愤怒，满足社会正义感的要求。有时罪犯在他乡流放若干年后，通过长老的调停，对遗属进行赔偿后返乡，成为被害者家族的一员。

避难制起源于禁忌，由于禁忌的不可侵犯性使人免遭复仇之难，以此起到防止私斗、维持治安以及停止虐待奴隶、保护其自由的效果。由此观之，立法者在原先拥有禁忌性场所之外，特地创设避难地并赋予其不可侵犯性，就是为了达到维持治安、救济被虐之人的目的。上文曾提到，桑威奇群岛自古便有禁忌所赋予的避难习俗，但之后精神领袖又另外开辟了五个避难地。摩西的六座逃城也是如此，在这之前就已经存在禁忌习俗，基于此习俗才考虑开辟新的避难地，赋予其神圣性，所以耶和华说："当有六座逃城"（《旧约·民数纪》第三十五章第六节），摩西遵照此言方才设立六座逃城。

如此看来，特别开辟的避难地在人文进化上前进了一个台阶，根据开辟的目的、避难者的行为道义性以及其他情况之不同，对其庇护的程度也各有不同。最好的例子便是在摩西的六座逃城中，过失杀人受到完全的保护，而谋杀者则给予一时的庇护以作为审判的准备。

因此，避难地对逃难者的保护有两种。仅仅因为禁忌而保护逃难者，是出于该地的神圣不可侵犯性而给予保护，跟该逃难者的性质毫不相干，不过问该人是谋杀者、误杀者还是义杀者。因为只是禁止在该地进行流血冲突、争斗等亵渎神灵的行为，所以也就不过具有使逃难者具备不可侵犯性的效果。立法者特设的避难地则与此相反，乃是根据设置的目的来达到不同的避难效果，多数是通过此举来维持治安，以及防止虐待，并利用此不可侵犯的期间来进行仲裁、赔偿、审判等活动，可以说，这是一种公权力吸纳自力救济的手段。

犹太人实行同态复仇（lex talionis），无论何种情况，皆为血债血偿。到了摩西时代，逃城的开辟将过失杀人者从复仇中拯救了出来，同时也将所有的杀人案件皆控制在会众的审判权内。摩西将这些革新归结于神谕。

《旧约·民数纪》第三十五章记录了耶和华对摩西的话语：

六、你们给利未人的城邑，其中当有六座逃城，使误杀人的可以逃到那里。……十、你吩咐以色列人说，你们过约旦河，进了迦南地。十一、就要分出几座城，为你们作逃城，使误杀人的可以逃到那里。十二、这些城可以作逃避报仇人的城，使误杀人的不至于死，等他站在会众面前听审判。十三、你们所分出来的城，要作六座逃城。十四、在约旦河东要分出三座城，在迦南地也要分出三座城，都作逃城。十五、这六座城要给以色列人和他们中间的外人，并寄居的，作为逃城，使误杀人的都可以逃到那里。

《出埃及记》第二十一章也如此记载：

十二、凡打人至死的，应受死刑。十三、但若不是有意杀人，而是天主许他的手行的，我给你指定一个他可以逃避的地方。

《申命记》第十九章：

四、杀人者逃到那里得保全性命的案件应是这样：假使有人无意杀了邻人，彼此又素无仇怨。五、比如他与邻人同去林中伐树，当他手挥斧子伐树时，斧头脱了柄，落在邻人身上，以致毙命，他就可逃到这些城中的一座城去，为保全性命。六、以免报血仇者心中发火追赶杀人者，因路途遥远，而能赶上他，将他杀死；其实他与那人素无仇怨，罪不该死。

《约书亚记》第二十章：

一、耶和华晓谕约书亚说。二、你吩咐以色列人说，你们要照着我藉摩西所晓谕你们的，为自己设立逃城。三、好使无心误杀人的，能逃到那里去。这些城市作为你们逃避血仇者的地方。……九、这些都是为所有的以色列人，和在他们中间寄居的外族人所指定的城，让误杀人的可以逃到那里，不致死在报血仇的人手里，直到他站在会众面前受审为止。

这些逃城皆为杀人者的避难城市，在城内禁止复仇。然而能受到逃城庇护的人，只限于过失杀人者，因此每当有人躲入逃城来躲避复仇时，都必须对该人是否享有避难权进行审判。

避难权产生于进入避难地之后，假若杀人者在逃往避难地的途中，遭遇复仇者的追杀，这时复仇者是可以杀掉凶犯报仇雪恨的。根据《约书亚记》第二十章的记载，逃进城的人先要站在城门口，向逃城的长老陈述事情的经过，请求获得入城的许可。长老听了陈述后，承认其误杀的事实，便允许他入城，给他地方住，使其免受仇家的追杀（Joshua, xx.4, 5）。

《旧约·民数记》第三十五章记载：

> 二二、如果双方素无仇怨，只是意外把人推倒或无意投物。二三、或错手掷石以致别人死亡而误杀别人的，他根本没有害人之心。二四、会众就应该依据这规例，在误杀者与复仇者之间作出公平的判决。二五、把误杀者从复仇者手里救出来，让他回到逃城去；可是他一定要住在那里，直到在任大祭司逝世为止。

然而，避难权只是地域性的权利，并非随身权利，所以，杀人者一旦离开避难地，就不再拥有避难权，这一点在《旧约·民数记》同章中也有记载：

> 二六、如果杀人者离开逃城。二七、复仇人在城外把他杀死，复仇人就不算有罪。二八、因为那人本该留在逃城内直到在任的大祭司死了，他才可以回家。

在这一节中规定，大祭司死后，杀人者方可回到家乡，但是文中并未明确说明在这个情况下复仇者是否可复仇。但是，由于前文已经规定，拥有避难权的人离开逃城，复仇者杀了他并不算有罪，“因为那人本该留在逃城内直到在任的大祭司死了，他才可以回家”，这么推断下来，避难者一旦度过避难期限，即使离开逃城，也可免遭报复，因为复仇者已经失去了对他的复仇权。

杀人者进入逃城后，假若复仇者向原住地的长老声称该避难者实际为谋杀者，他是通过虚假陈述才得以进入逃城，那么原住地的长老便会向逃城的长老提出引渡杀人者的请求，在原住地的会众前进行审批，如果真是误杀，仍将该人送还逃城，让他一直滞留到在任的大祭司去世。假如是谋杀，长老便会将该人交给复仇者，让他完成复仇的心愿。

《申命记》第十九章里记载道：

> 十一、但倘若有人因为憎恨邻居就埋伏击杀了他，然后逃往其中一个逃城。十二、这样，他本城的长老可以派人去把他带回来，交在为死复仇的人手里，把他处决。

通过《圣经》的这些片段可知，在设立避难地的同时，还产生了断定是否有避难权的审判权，而且避难权与复仇权相互对立，有前者便无后者，有后者则无前者，因此，在审判避难权有无的同时，也在审判是否有复仇权，于是逐渐地产生了公权力吸纳私力制裁的开端。

避难地一旦设立，很多杀人者不管是故意杀人还是过失杀人，都想逃往该避难地来躲避复仇，除非复仇者在杀人者逃跑的途中将其处决了，否则都必须请求引渡。以色列人在这种情况下，惯例就是要听从长老的审判，如果是谋杀，就将犯人引渡至他的原住地长老处，再交给复仇者处决，这样的一个过程已经不是私力制裁了，而是通过审判被公众认可的一个结果，这不能不说是基于公权力的制裁。特别是在同种族中实施的同态复仇法是化解怨恨的最合适的行刑方法，因此私力制裁的消亡在同种族中相对是比较迅速的。

在这一点上，闪米特人的法律和雅利安人的法律在私力公权化的途径上大相径庭。前者禁止用赔偿来代替复仇（Numb. xxxv.31），设立避难城市来限制私力制裁，从而诞生与是否有避难权相关的审判权。后者则是奖励赔偿，鼓励以赔偿替代私斗，随后公权力参与赔偿金额的裁定。

在罗马，人们把帕拉蒂尼山（Mons Palatinus）辟为避难地，同时神殿、祭坛以及其他一些圣地也被视为避难地。罗马市民的房子亦算是家神的祭坛，因此同样具有不可侵犯性，逃入居民住所的人不可被随意攻击。另外在帝政时代明文规定，挂有皇帝肖像的所在便是具有避难性质的圣地（§ult.i.de his qui sui vel alieni juris, 1, 8L.2.D.de his qui sui vel alieni juris,

1, 6L.17.D.§12.de aedilicio edicto 21, 1L 5.D.de extraordinarii criminibus 47, 11, L.28.§7.D.de poenis 48, 19 L.38.D.de injuriis 47, 16）。承认帝王肖像具有避难性的例子还有埃及的阿美诺菲斯王（Assyrophames）、亚述的贝鲁王（Belos）等。其实，在很多民族中皆能看到此类现象，将帝王的禁忌所产生的不可侵犯性延伸至帝王的肖像上。

在中世纪的欧洲，教会的权力凌驾于国家权力之上，教会的领地自不必多说，连主教的住宅也成为避难地，承认那些为逃避国法制裁的罪犯的避难权。之所以设定教会为避难地，是为了救赎天生有罪的人类，并非一开始就出于保护避难者个人、为公众维持治安。因此，罗马法中，在王的权力极盛的时代，一些犯了国法的人逃往教会或主教住所寻求庇护时，教会便会对抗国家权力，即使接受了国家官员提出的罪犯引渡请求，也必须让对方保证，不能伤害避难者的生命或身体，只能进行精神上的惩戒。之后随着国家权力的发展，教会对抗国法庇护逃难者的权力逐渐消失，主教也只出面为避难者居中调停，到最后反而是国家承认教会为避难地（L.16 de his qui ad ecclesiam conf.12. IL.13 C.Theod.de his qui ad ecclesiam L.2,3,6 C.12, INascella, 17.C.71）。

在古代，日耳曼民族也将圣林、祭坛、教会等作为避难地。即便到了中世纪基督教盛行时期，罗马教会与避难相关的教义依然在日耳曼民族之间普遍流传，于是日耳曼国王就以法律的形式承认了教会的避难制度。墨洛温王朝的国王承认教会的避难制度，洛塔尔二世（Lothar II）禁止从教会中拘捕盗贼，查理曼大帝（Karl der Grosse）也认为缉拿逃入教会的罪人并处以死刑或其他刑罚，是亵渎神灵的行为，因此严令禁止。此外，《西哥特法典》和《东哥特法典》也都承认教会拥有庇护避难者的权力。

日耳曼民族的避难制与复仇限制有所关联，在由于冲动或懈怠等造成误杀的情况下，避难是被允许的，从这点上便可看出上文说到的避难制与复仇限制有关。在日耳曼民族的法律观念中，杀人是与一家或一族相关的私事，不是国家或全民族的公事。在这种情况下，只有施害者亲属才有义务支付赔命价（Wergeld），同样也只有被害者遗属才有权利接受赔偿。因为杀人行为并非扰乱了公共治安（Koenigsfrieden），它只是针对被害者亲属的一种犯罪。因此，针对杀人行为的第一顺序制裁就是支付赔偿金，同态报复（Talion）的复仇是在施害者不支付赔偿金的情况下才采取的行动。正因如此，在中世纪的日耳曼民族法律中，复仇属于第二顺序的制裁。而且杀人诉讼也不由政府官员提出，而是由被害者来起诉，刑罚的执行者也不是国家或者公共机构的官员，而是被害者亲属。

中世纪时所谓的住所避难性，并非针对司法权才有此效力，而是仅仅针对复仇者的私刑。有句谚语说道："每个家都是一座城。"这句话的意思并非对抗法律包庇罪犯，而是禁止私斗、维持公共治安的意思。因此，居民住所具有避难性的法规由于维持了社会治安稳定，成为古法制裁和法律制裁之间的一个过渡时期的现象。

在英国，忏悔者爱德华（Edward III the Confessor）的法典和征服者威廉一世（William I）的法典都将基督教主教的住家当作避难地。

盎格鲁-撒克逊人的法典规定，国王以及王族的宫殿具有避难性，同时国王的周边也具有不可侵犯性（Grimm, *Rechtsalterthuemer* VI. S.7）。

三、避难制的效果

非洲的卡比尔人（Kabyle）实行一种名曰"安纳亚"（Anaya, Anaïa）的习俗：复仇有所分类，根据杀人者杀人的原因与情形，轻者只需赔偿，重者则要施以刑罚。虽然不知道"安纳亚"这个词的原意，但从阿诺托（Gabriel Hanotaux）将其译为法文的"和平的安纳亚"（ânaïa de paix）可知，该词具有远比"避难"更广的含义。依据该习俗，身处两人争斗现场的第三人，有义务去制止该争斗，假若袖手旁观，不加制止，便会被罚以重金。由此，大家往往将其翻译成避难，其实从庇护者一方来解释，将其译成"调停"更为合适。卡比尔人的小部落林立，如小列国般各自为政，但针对杀人者却鼓励血债血偿，除非过失杀人或杀人者是精神病患者的情况，否则不允许采用赔偿方式进行调停。因此，如果卡比尔人没有“安纳亚”这样的习俗来维持和平，那么争斗就将永无消停之日，最后则会沦落到种族灭亡之境地。如此看来，对卡比尔人来说，“安纳亚”可称得上是种族生存的必要条件。为此，人们常说“‘安纳亚’乃是卡比尔的文化之花”（L’anaïa est “la fleur de la civilization Kabyle.” Gaffarel, *L’Algerie*, p.273），卡比尔人自己也清楚这个习俗的价值所在，从下面这句流传在民间的谚语便可获知他们对其的重视程度：

> “安纳亚”是卡比尔人的苏丹。天下再无与其比肩之王。他广施仁惠，不求回报［L’anaya est le sultan des Kabyles; aucum sultan au monde ne peut lui être comparé; il fait le bien et ne prélève pas dY’impôt, –Farine, Kabyles et Kroumirs, (1882) p.170］。

“安纳亚”还被分为两类：一类为任意性的，另一类为强制性的。在任意性的“安纳亚”中，调停者面对逃难者提出的保护请求，并无义务接受该请求，而在强制性的“安纳亚”中，调停者就不能拒绝对方提出的避难请求（Hanoteau et

Letourneau, La Kabylie et les coutumes Kabyles）。在任意性“安纳亚”的情况下，逃难者在寻求庇护时，必须将有可能给庇护者带来的后果一一阐明。例如，当杀人者在避难的情况下，就要将其杀人的原因、复仇的危险以及其他事项详细说明以乞求获得庇护。假如调停者同意避难的请求，在为请求者履行“安纳亚”之时，逃难者有义务规避一切累及庇护者的行为，假如违反该义务，就会丧失“安纳亚”带来的庇护。一旦调停者履行了“安纳亚”之责，成为庇护者，那么不管该“安纳亚”是任意的还是强制的，庇护者哪怕搭上身家性命也必须保证该逃难者的安全，所以，在任意性的“安纳亚”中，假若没有上述保障的话，便无人愿意肩负危险责任来庇护他人。

“安纳亚”的履行者有些是教徒个人，有些则是部落团体。上文提到，在由个人履行的“安纳亚”中，若有人触犯了该制度，那么，履行者必须制裁该侵犯者，即便会因此而牺牲自己。由部落或比部落更大的团体所履行的“安纳亚”，自然是由部落成员或团体成员来共同严守，触犯该制度之人则要被没收财产并处以死刑。此外，虽然是个人履行的“安纳亚”，但针对违规的制裁是通过有序的保障来进行，第一顺序是庇护者向侵犯者报仇，假如庇护者本人无法进行，则依次由亲属、部落、宗族，最后则是全族人来执行。因此在卡比尔，诸如在过失杀人以及精神病患者杀人的情况下允许赔偿调停，否则鉴于极其严格的避难制，触犯该避难制之人就要受到全族的制裁，甚至会被处以死刑，由此，避难制便成了刑法产生的直接原因。

卡比尔民族的“安纳亚”显示了极端的互帮互助之价值。不管这个“安纳亚”是强制的还是任意的，一旦为他人履行“安纳亚”之责，该履行者就要以自己的名誉庇护避难者，即便为此献出生命，也要庇护到底，这便是义务。因此，被害者的亲属无法违反此制来进行复仇，不仅如此，由于知悉庇护义务的神圣性，复仇者因此放弃复仇并不会受到良心谴责，而且社会也不会排斥因避难制而放弃复仇之人。该制度维持了社会治安，避免了全族衰败的不幸。

阿诺托说道：

> 没有人能够否认安纳亚制度拥有真正伟大的性质。安纳亚以极端的自我否认之形式表现了相互扶持的原始状态，这种义勇行为赋予了卡比尔人至高的荣誉。然而，不幸的是，需要如此牺牲的形态是半开化状态的象征，个人居然有义务以身代法来庇护他人（Hanoteau et Letourneau, *La Kabylie et les coutumes Kabyles*, II. p.83）。

非洲诸民族的法律进化之等级，大体皆处在犯罪赔偿时期，除了一些半开化的民族之外，避难制的广泛流行大多乃是以和解赔偿作为前提的。根据普斯特的《非洲法论》（Post, *Afrikanische Jurisprudenz*, II.S.20）记载，杀人者无论是故意杀人还是过失杀人，一旦逃到避难地，通常就可免受复仇者的追杀，然后慢慢地商议赔偿之事。

非洲的乌桑巴拉（Usambara）执行避难制度是最为彻底的，不仅有赫勒维希所说的罪人避难、外人避难、奴隶避难这三种，还存在人的避难、地的避难。乌桑巴拉的国王被人民尊崇为神性之人，坐拥后宫三百妃嫔，拥有至高无上的权力。在他之下就是僧侣和贵族，贵族居住的弗伽、曼伽、基陆类、西艾里这四个圣地皆具备避难地的性质，杀人者为躲避仇家追杀进入上述圣地时，便受到神灵的保护而不会被仇家所杀。假若被害者的亲属杀死了进入圣地的罪犯，便会受到神灵的惩罚。进入圣地之人，不仅不会被仇家杀害，更可以免去所有刑罚。这是因为君主以及圣徒居住的场所乃是神灵守护的圣地，该权威凌驾于刑罚之上。但是，由于避难制度与法权水火不容，如果人们只要进入圣地便可免去刑罚，那么就会产生包庇凶犯、鼓励犯罪的恶劣影响，因此，伴随君权的渐趋发展，为了剔除避难地的弊端，避难者必须在一定时期内成为君主或主教的隶属者，要服从庇护者的命令。

与要求避难者支付赔偿的习俗相较，我对这种习俗更有兴趣。避难者服从的习俗，出现于酋长、君主的权力刚刚兴起之时，避难来源于权力者的禁忌或特权，所以，庇护者以获取避难者的劳役作为报酬，同时也通过此举来预防法权松弛的弊端。以如今的观念来看，由于避难制将备受憎恨的犯人放到复仇者无法进入的地域，该制度就是在包庇恶行，妨碍神圣义务的实施，伤害孝子之心，败坏社会道德，不仅如此，压制愤怒的后果便是人民心中之不平越发高涨，遂成为破坏社会团结的一大原因。然而，避难制大多基于禁忌信念，具有宗教基础，因此，在禁忌不可侵犯的信念之下，一旦罪犯逃入保护圈内，复仇者则无法对该人进行复仇，便会主动放弃，而且复仇者绝对服从酋长、主教的特权，因此失去复仇对象就好比该人已死，平息父兄怨恨的义务也随之消亡，对死者亡灵也无愧疚之心，由此可以达到放弃复仇的目的。

但是，一方面伴随社会的政治组织逐渐完备，另一方面禁忌的信念逐渐淡薄，仅仅让杀人者避难已经无法满足社会功德心之诉求，因此，国家或是让避难者承担劳役，或是做奴隶，意在给复仇义务者传达一个观念，避难者并非无偿地被免去犯罪的惩罚，以此或多或少地慰藉复仇者。再往下发展，避难便成了赔偿、和解的前提。

非洲加纳的民族法乃是展示避难制向赔偿制转变之途径的一个例子。加纳已经发展到赔偿时期，复仇只作为第二顺序制裁手段存在，因此，只有在加害者不进行赔偿或者无力赔偿的情况下，才出现避难的问题。

在17世纪中下叶之前，地位最高的僧侣拥有绝对的容隐权，只要逃入其住所中，即便杀人者这样该获死刑的重罪犯人，也能得到完全的逃避权。到了19世纪，供奉神像的神殿也被认为是避难地，一方面避难制度范围扩大，另一方面则是可容隐的行为范围逐渐缩小。僧侣们不再拥有以往那样绝对的容隐权，特别是一些杀害同胞的犯人，当被害者的遗属提出引渡请求时，他们不能拒绝。杀人者失去避难权的原因，并非出于僧侣极其慎重地行使其容隐权，而是他们很容易招致被害者一族的怨恨、损害了公众的正义观念，其结果便是有损自己的德望，甚至由此失去权力。因此，随着时代的进步，僧侣仅仅庇护那些情有可原之人，否则他们便会拒绝庇护凶犯，也会答应遗属引渡犯人的请求。如此一来，僧侣对杀人情况的容隐权力渐趋缩小，犯人便具有被复仇者杀死的危险，由此最终产生了以赔偿来代替复仇的制度（Hellwig，SS.84–86）。

马绍尔群岛也有复仇的习俗，但伴随着酋长权力的发达，复仇神圣的观念逐渐淡薄，最后发展成为允许以赔偿来替代复仇。不仅如此，由于酋长自诩为神的后裔，因此酋长的住所便成了神圣不可侵犯的避难地，投奔至此的人不仅可以获得酋长权力的庇护，而且可受到家神的保佑。酋长的墓地也具有同样的避难地性质。

在马绍尔群岛上，避难者一旦逃至酋长居所并受其保护，便可免受复仇之苦，但另一方面，他与酋长之间就产生了等同于奴隶主与奴隶之间的从属关系，必须将自己的身体以及全部财产奉献给酋长，以牺牲自由来换取生命的安全，并不像其他地方的避难者那样从中获利许多。听说拥有该习俗的地区，在南太平洋上仅存马绍尔群岛和桑威奇群岛。而远在非洲以及美洲，该习俗也时常可见。将避难者变成奴隶，不仅仅是在庇护犯罪者，也是在使其受到应有的惩罚。因此，一方面可通过此举来缓和复仇者的愤怒，另一方面也剥夺了杀人者的自由，可视为酋长代替复仇者进行了复仇，同时，也可将该行为视作刑罚。如此便可得出结论，避难习俗是个体力向公权力转化之媒介（A.d.N.SS.23, 24）。

仇人自动放弃自由来摆脱复仇的习俗还可被分为两类：一类是成为第三者的奴隶，由对方来庇护自己以求避难；另一类则是成为被害者遗属的奴隶，用自己的自由去赔偿人家一条命。

在非洲国家操金本杜语的省份（Kimbunda-Lander），[1]当

[1] 金本杜语（Kimbunda），安哥拉民族语言集团中第二大团体，包括操班图语系金本杜语的各个同部族，他们分布于安哥拉中北部的大部分地方，住在临海的首都卢安达以西，介于北部的丹德（Dande）河与南部的宽札（Kwanza）河之间。——译注

地的习俗可被归为上述的第一类情形。他们已经进入了赔偿时代，除了施妖术的宗教犯和叛国的国事犯之外，所有犯罪都允许赔偿，这是他们的通例，但也存在着针对杀害公民的复仇习俗，因此也同样需要避难。他们的避难方式乃是通过加害者的委弃（naxae detio），通过卖身的方法来进行，加害者因为在他人的庇护下逃脱复仇之难而让自己所仰仗的人财产受损，因此，为了以身赔偿，便主动充当对方的奴隶。在这种情况下，加害者自己主动放弃自由，成为受损之人的财产，这就好比是罗马法的人格大减等（Gapitis deminutio maxima），在法律上被视为死者。不仅如此，假若被害者遗属意欲复仇，便等同于会对第三者的财产造成损害，因此，加害者便拥有了人的避难权。特别是杀害者成了有权势之人的奴隶之后，更是如此。

四、避难制的衰败

罪人避难的制度虽与刑法的存在互不两立，但是该制度从一开始就缓和了私力制裁的复仇习俗，或是给予人们机会进行以赔偿代替复仇的交涉，或是起到了驱逐或流放兼备的作用，因此维持了社会的治安，促进了社会的进步。所有的习俗，当作为起源的实际用途消失后，习俗便依靠着惯性存续，因此，在过去，其本身所具有的十分显著的效用就能长久地维持着该习俗，往往在刑法已经确立了之后依然留存，发挥着缓和刑罚的作用。不仅如此，通常法律也承认神的威力以及专制首领的权力，因此，寺院、礼拜堂、首领的居所以及墓地等所具有的避难性，无论刑罚确立与否，皆长久地存在着。随着时代的发展，该遗俗逐渐公权化，最后成为首长的特赦权、僧侣的特赦请求权。在非洲的班巴拉人（Bambaras）社会中，首领为专制君主，虽然刑法严禁私力滥杀，但是唯独君主拥有罪人容隐权，这就来源于上述的原因（Hellwig, A. d. Nat. S. 80, 81）。

在欧洲中世纪，由于宗教改革和近代国家的崛起，罗马教会在避难者庇护权上丧失了很大一部分的权力。随着国权的发展，新教国家的君主将教会承认的避难权视为对国权的侵犯，与此同时，连教会本身也在反省避难制所具有的弊端。上文中曾提过，在避难地范围扩大的同时，教会限制了避难者的范围，并且要求避难者在进入避难地之前必须先解除武装。即使国家通过法律承认了教会的避难制，但给拥有避难权之人设定了各类限制。例如，在罗马帝国，由于财政原因，漏税者等各类国家债务者的避难权是不被承认的，假如主教允许这样的国家债务者避难，那么主教本身必须负起还债的责任。因负债或犯罪而被起诉的犹太人，假如没有事先将一切债务偿清，则不允许进入避难地（L. 3. c. Theod.）。到了后来，排除国家债务者的法律虽被废除，但发展为对于谋杀犯、通奸犯和拐卖人口犯的排除。在教皇英诺森三世和格里高利九世颁布的教令中，排除了拦路抢劫犯、夜间盗窃犯以及寺院内的杀人犯。

由于公权力的发展与时代的变迁，避难地具有的神圣信念渐趋淡薄，由此逐渐失去了避难性。在现今诸多国家中多能看到避难地的旧址，也是由于上述原因。根据阿代尔的《美洲印第安人史》（Adair, *The History of American Indians*, p.159）记载，印第安人的各部落中有名曰“古市”（Old town）、“古爱市”（Old beloved town）、“圣市”（Holy town）、“白市”（White town）等的“和平市”。在上述这些地方，自古以来从不见血光，当杀人者躲避在这些地方时，复仇者就得想办法将其带到该市的区域之外方才能够报仇。阿代尔认为应该将这些城市视为避难地的遗址。诸如这类场所，虽然仍有不可侵犯性，但已经丧失了避难性。

避难权的滥用是造成其衰亡的原因之一。避难地的存在，就好比一个国家内的治外法权，一旦国家的司法权确立，主权者往往会认为避难权和法权水火不容，因此，就对避难权加以限制，甚至直接废除避难权。在上文中曾提到，在埃塞俄比亚，僧侣们往往扩张避难地的区域，与贵族勾结共同反抗国王的权力。因此，明君往往愤慨于此，力图废除避难地的治外法权，确立司法权。特奥多尔（Theodor）将谋反者从避难地引出后处以死刑，便是其中一例。

前文中提到的避难权制，分为人的避难和地的避难。罪人避难原本就不可能与刑罚权的确立并存，因此，随着公权力的发展，罪人避难的范围逐渐缩小，以致最终消失。在废除的顺序上，在通常情况下，私人的容隐权和私人的避难设定权原本就无力与公权力对抗，所以最早被废除，在此之后，公设避难地和官员的避难设定权，也按照权力者从低到高的顺序逐渐被废除。法权确立之后，避难仅由最高权力者国王或教皇的权力予以支撑，发展到最后，则只剩下特赦大权或恩赦请求权。

第四目　复仇调停机构

保护社会成员的组织依靠社会力不断渐趋完善，自力救济的需要逐步减少，人们渐渐意识到私斗会干扰治安、削弱社会的凝聚力。但是，自古以来的道义观念却依然存在，并不会随着社会的变迁而变化，人们仍旧视复仇为美德，为臣子、兄弟的义务。当政者鉴于不能立刻严禁这样的观念，于是便想出种种办法来剔除其中的弊端。中国周代的和难制度，便是其中一例。

《周礼》中记载有“调人”的官员，“调人掌司万民之难而谐和之”。在复仇方面，根据复仇义务的轻重，调人令施害者逃往远近不等的地区，将复仇者和仇敌彼此隔离开来，减少他们私斗的机会。假如施害者不避难，调人便治他不从王命之罪。在《周礼》中对于调人的职责作了如下记载：

> 凡和难：父之仇，辟诸海外；兄弟之仇，辟诸千里之外；从父兄弟之仇，不同国；君之仇视父，师长之仇视兄弟，主友之仇视从父兄弟。弗辟，则与之瑞节而以执之。

将这段记载与《曲礼》中的“父之仇，不共戴天；兄弟之仇，不反兵”进行对比，便可得知，和难的礼制乃是私力制裁时代发展到法治时代的一种过渡现象。《曲礼》中的文字，表达了中国自古以来传颂的与复仇相关的道义观念，“父之仇不共戴天”或许就是周代以前早已存在的说法。在周代，礼乐制度业已高度完备，复仇私斗危害治安的弊端越发明显。然而，自古因袭的道义观念依然深入人心，无法立刻以法禁之。因此，由于维持治安的必要，特地设立有司，令朝士掌管相关事宜，负责接收复仇申告，监管复仇，令调人掌管避仇和难之事。通过上述的这些举措来调和旧的道义观念和新的社会状态。王应田就设立调人官职的理由进行了如下说明：

> 若顺其怨仇之情，则王法不容，若以报复之罪治之，则人情未尽。故为避仇之法，两全而无害，所以设和难之司。

郑伯熊也说过：

> 先王缘人情而立避仇之法，得报不报非臣子。虽于海外、千里之外、异国而不得报，但足以少慰其志。（《周礼义疏》卷十三）

王应田和郑伯熊都将避仇之法视作革新制度，皆认为其目的就是调和旧思想和新社会。

我国中世律令中的移乡制，与周代的避仇之法有异曲同工之妙。律令在“杀人应死”的原则之下将杀人者治以死罪，但该死刑囚犯在“会赦”“特敕免死”的情况下应当如何处置呢？为此律令上特设了移乡制，根据这种制度，豁免者就被送往离犯罪地远近不等的他乡。

《贼盗律》中写道：

> 凡杀人应死，会赦免者移乡。若群党共杀，止移下手者及头首之人。若死家无父子祖孙伯叔兄弟……不在移限。违者徒一年。

《律疏残篇》中补充道：

杀人应死，而会赦免罪，而死家有父子祖孙伯叔兄弟者，移乡为户。其有特敕免死者，亦依会赦例移乡。（《律疏残篇》“贼盗律”第18条）

乍看上去，移乡制与后来的流放相似，但两者性质各异，移乡制的立法宗旨完全是避仇。《法曹至要抄》也有“案之，死家有亲戚之时，依与彼为仇移乡”。

作为给家人带来不共戴天之恨的仇敌，他本应该在杀人应死的原则下通过国家的公权力一命还一命，但一朝得被赦免，还能在故乡悠然度过余生，被害者家属见此情景，恐怕内心皆会充溢愤懑之情，恨不得一刀了断仇敌。正由于此原因，擅杀四起，私斗丛生，不久前才刚获得特赦之人，如今却由于个人恩怨遭受私人制裁。这便是公权泛滥、国法松懈的开端。移乡制就是为了预防该弊端应运而生的。移乡只有在死家（被害者之家）里仍有父子、祖孙、伯叔、兄弟等亲属时才执行，无上述亲属，则“不在移限”，这也是由于上述原因。

和难和移乡制的宗旨和避难地的设立相同，都是为了将复仇者和仇敌相隔开来，使其不相互争斗。但在关于仇敌避难的地点这一问题上，两者截然相反。避难地的设立是规定了仇敌该待的地方，和难和移乡制度则是规定了仇敌不该待的地方。和难就是在过失杀人情况下的避仇法。在社会原始状态下，“杀人者死”乃是通则（《大学衍义补》卷一百一十），不过问杀人动机如何，因此不管该杀人行为是谋杀、误杀还是义杀，被害者的子弟、亲戚、朋友必得报仇雪恨。其实杀人动机中的恶意蓄谋、偶发争执、完全过失，在被害者的遗属、遗友的愤恨之情中多少是有区别的。因此，在社会的管制力稍有发展之时，首先承认了谋杀和误杀之间的区别，制止了因误杀发生的复仇私斗，逐渐将私斗约束在公权力的范围之内。前文中曾提过，犹太人通过设立逃城允许避仇，这也仅限于误杀的情况。在中国设置了调人这个官职来掌管和难避仇，也是只限于误杀。各个民族允许以赔偿来抵命，最初都是如此。由此观之，在这种情况下，私力向公权力的转变开始于作为私力基础的心理状态中抵触情绪最少的部分。

第五目　复仇申告

复仇者负有复仇申告义务，这是公权制裁吸纳私力救济的开端。私斗危害社会治安，紊乱社会秩序，破坏社会成员的凝聚力，因此，随着社会组织的完备，社会管制力的发展，禁止社会成员间的纷争和维持治安便成为政治上重要的议题。然而，不论社会如何变迁，自古因循的道义观念却仍如旧，由于思想上的惯性，依然将复仇视为臣子的最大义务，称赞其为美德，一旦骤然被禁，必会极大地冲击人民的道义观念，反而有可能酿成骚乱。所以，在这样的过渡时期里，如欲在治安之维持和道义之要求之间进行折中，就必须缓开公权干涉之先河，对私斗采取适当之监控。在此种情形下，让复仇者向官府报告复仇之事，或者让其接受复仇许可，就是各类措施中最为重要的一类。这些遂成为后来严禁复仇的前提。

复仇申告可被分为事前申告和事后申告。在一般情况下，复仇者皆隐姓埋名，伺机而动，出其不意地对仇敌发起攻击，因此，让复仇者事先向官府进行申告，较之事后申告，对于义臣、孝子来说实在是强人所难。因此，事先申告，必须是国权获得了长足的发展，以致出现了法律来严惩未报官便复仇之人，治他擅杀之罪，并处以重刑之时。如此一来，事先申告之人就好比《周礼》中的“杀之无罪”那样，有了正当的复仇理由，这时不仅不会被问罪，而且会因自己的义举而得到褒扬。然而，事后申告的情况，就不一定是无罪的，有司会先审议，然后才裁定是治罪还是赦免，经常会出现如同后文中提到的陈子昂、柳宗元、韩退之等人关于复仇各执一词的情况。因此，若从进化的常态来论述的话，事后申告的事例出现于事前申告的义务之前，但是由于复仇者在去官府申告时向有司请罪，所以，在法律严禁复仇之后事后申告还依然存在着。

在中国周代，礼制极其完备，也有向官府申告复仇之事的制度。《周礼·朝士》中载：“凡报仇雠者，书于士，杀之无罪。”根据丘濬的注解，这里的“士”为乡士、县士、方士

（《大学衍义补》卷一百一十），欲复仇之人须事先向这些地方官吏申告，再由地方官吏上报至秋官司寇所属的朝士（《无刑录》卷十三,六）。《曲礼》中也说道："父之仇，不共戴天；兄弟之仇，不反兵。"根据《曲礼》所载，复仇乃子弟之大义，路遇仇敌应立即拔刀杀之，并非等到事先申告了才动手，从吕大临的注释"遇则杀之，无暇告有司也"，便可得知。与此相反的是，《朝士》之文则要求需先报官方可为之，乍看起来两者之间相互抵牾。然而，我认为这两种观点代表了两个不同时代的思想：《曲礼》展示了基于古来道义之心之礼制的原始状态，而《朝士》展示的却是后世周代礼制大为发展、设朝士来接受复仇申告、设调人来掌管和难之事的过渡时期的状态。

明代法学家的学说足以彰显从"书于士"的礼制发展到法律严禁复仇的途径。丘濬说过，但凡出现凶杀，亲戚和邻居要守护好被害者的子孙以及所有可报仇之人，让其前往官府报官。假如地方官吏不听其申报，那么可直接去朝廷申诉，此举不会被视为越级。假如官吏徇私枉法，畏惧凶犯的势力，故意拖延时间，迟迟不逮捕凶犯，那么被害者子孙、兄弟等亲自报仇时，上级审理后便会责罚该官吏，不会给复仇者治罪。假如官府派人前去逮捕凶犯，但由于遭遇正当事故导致延期，在这期间复仇者擅自杀了凶犯，便会被治罪，但罪不至死。假如被害者亲属来不及报官，在凶杀发生当天就杀了凶犯，为无罪。但没有报官，而且是在隔天之后杀人报仇的话，其亲属和邻居便会受牵连，被治知情故纵之罪，复仇者也有擅杀之罪，应被处死。但是倘若杀人的凶犯确实该死，那么该复仇者也有可能酌情免死（《大学衍义补》卷一百一十）。

在英国古法中，如同其他北欧诸民族那样，也执行自力救济的法律，对生命和财产的侵害就由被害者或其家属来实施复仇、扣押、赃物返还等制裁。然而，至阿尔弗烈德大帝之时国家则致力于改善治安，试图以赔偿代替复仇。诺曼征服胜利之后，王权逐渐确立，国家设立了法院，开启了以国权来禁止私斗的开端。当时复仇虽也被公认为正当行为，但国家对复仇课加了种种限制。由此，一开始，在复仇以及自我防卫的情况下，当事人就有责任在事后声明该杀害行为并非寻常私斗。《亨利一世法典》第83条这样规定：

> 由于复仇或者自我防卫而杀人者，不应当掠夺死者的马匹、头盔、刀剑、金钱等持有物。尸体应按惯例处理，头朝西，脚朝东，若有盾，须用盾覆盖尸体，将长矛立于地上，在长矛上挂上兵器、拴好马匹，之后将自己的行为向周围看客说明，或者前往最近的村落，向第一个遇到的人陈述刚才发生的事实，他们就是杀人者与死者的亲人朋友当面对质时的证人。（Hen. I, 83, §6.）

之所以作出上述规定乃是因为在私斗杀人的情况下，事后要在法院就该杀人行为是否为正当的复仇进行审判。亨利三世所颁布的著名的《马耳伯勒法》（The Statute of Marlbridge 52 Hen. III. cap. I）造就了英国宪法史上司法权确立的时期，这部法律禁止复仇，也禁止赔偿，若未经法院许可便进行复仇或要求赔偿之人，将会被罚以重金。这部法律的颁行，使得英国的私力制裁从此退出了历史舞台。

第六目　复仇许可

社会组织既已齐备，法权得到长足发展，为了维持治安，必须禁止私斗和擅杀，但即便如此，从一开始便立刻禁止复仇，意欲让复仇立即销声匿迹，便会明显在道义上失去民心，社会反而会去同情那些敢于挑战法律、无惧刑罚、富有牺牲精神执行复仇之人，赞赏那些舍生取义的义士，因此，就会产生轻视法权的弊端。为了调和法权未发达时代的原始道义观念和社会管制力发达后产生的法权，首先要将禁止复仇作为法律通则，普遍禁止私斗和擅杀，只有在承认该复仇正当的情况下才可特别允许复仇，这是最为稳妥的过渡时期的立法政策。在公权力业已发展到此等程度之时，复仇虽然仍是道义上臣子的义务，但在法律上却是一种犯罪，只有在获得公许的情况下才将其视为正当行为。

日耳曼民族起初就盛行自卫习俗（Selbsthuelfe），自己保护自己，在民事侵害中靠自己的实力来进行扣押，面对刑事侵害便豁上自身性命进行复仇（Wilda, *Das Strafrecht der Germanen*, S.157. ff.）。然而，这样的自力救济，并不只是当事人个人的事情，亲朋好友、邻里乡亲皆会支援，由此往往会产生氏族之间的战争，战乱经年不停，最终导致两败俱伤。以此为鉴，后来法院便应运而生，规定禁止私斗，欲复仇者必须事先获得法院的许可。假若无许可而复仇，就必须事后去法院声明复仇的正当性，以及事出突然无暇事先申告的情况以求获得法院的追认（Koestlin, *Geschichte des deutschen Strafrechts*, S.64）。

伊斯兰国家的复仇者也必须事前向地方官员提出申请，得到许可后方可复仇（Tornauw, *Moslemisches Recht*, S.239）。

第七目　赔　偿

一、赔偿的习俗

人类将外物作为生活资料，即便最不开化的野蛮人，也知道脱离游手好闲的生活去储存物质的价值。他们储存每日的食物，例如山林、原野中的走兽、果实，河流、沼泽中的鱼类、贝壳，还保存弓箭、棍棒等狩猎、打斗的工具，之后慢慢进化到收集身体装饰物，饲养牛、羊、鸡、猪等家禽，贮藏米、谷等农作物。在必要的情况下，还会与邻居进行物物交换来获取各自必需之物。就这样，人类的生活状态慢慢发展，人们储藏生活资料，与他人物物交换来满足生活的需求，随着这些经验的增加，人们也开始进行财物与感情的交换，给他人期许的东西以讨其欢心，或者平息怒气、化解怨恨、抚慰悲伤等。另外，原始人的生活状态发达后，他们住着茅草屋，吃着农耕的收获物，但由于兵卒掠夺等原因，经常会失去生活物资，由此人们逐渐地想要避开战争的祸害，于是往往利用物质补偿来换取和平。

原始经济思想发展后，人们已经知道用财物来慰藉悲伤、化解仇恨，杀害者或其族人就用赔偿品来讲和，以此来去除自身危险或者避免族战的发生。特别是在杀害者的族人不认可该人行为之时，更是如此行事。当民族文化发展到此等程度，私斗、族战就被赔偿所替代而逐渐消失。例如，在易洛魁人（Iroquois）中，一人杀人，被害者和杀害者所属的两个部落往往就会因此开战，但假如杀害者的族人厌恶其行为不肯施加援手，那么杀害者就必须自己向被害者遗属递交赔偿品以求和解。另一种情况是，杀害者的族人虽然也认可其行为，但不对外宣战，而是将一种叫作“瓦姆庞”（wampum）的贝壳货币或其他的货物馈赠给被害者亲属来进行赔偿（Morgan, *The League of the Iroquois*, p.331）。除了上述民族以外，其他半开化的民族也广泛流行以赔偿代替复仇的习俗。

现代的文明国家，很多都经历过以赔偿代替复仇的时代。在希腊，虽然从有史时代开始就已经没有杀害赔偿的制度，但是，荷马的《伊利亚特》诗篇中却记载了一件事情，大埃阿斯（Ajax）指责阿喀琉斯（Achilles）拒绝了阿伽门农（Agamemnon）提供的赔偿，他说，即便兄弟之死，也应该收取赔偿金后原谅对方，谋杀者在支付赔偿金后也能安全地留在家中（*Iliad*, IX）。此外，在同一诗篇中描述了阿喀琉斯的盾牌图案，图案上有个很出名的争讼图像，刻画了两个人在公会场中争执赔偿金的情景，由此，可以推断出当时已经有了杀害赔偿的习俗（*Iliad*, XVIII, 497）。

诗中咏唱了这个刻在阿喀琉斯盾牌上有名的争讼图像。大意如下：有两个人在公会场就杀人的赔偿金进行争执，群众都跑去旁听，他们彼此之间的意见存在分歧，各自拥护一方，沸反盈天。当时使者们一声喝下，满场肃静。长老们坐在溜光的石凳上，围成一个神圣的圆圈，手握使者们交给的节杖。场子中心堆满黄金，预备赏付给审断最公正的裁判者（*Iliad*, XVIII, 497）。通过这段描述，可知荷马所处的时代已经有以货币赔偿杀害的习俗。根据塔西佗（Tacitas）的《日耳曼尼亚志》记载，日耳曼人有将家畜作为杀人赔偿的习俗（Tacitas, *Germanicus*）。《萨利克法典》中有赔命价的制度。根据被害者的身份、性别、年龄等区别，金额也会有所不同（Lex Salica, 14, 24, 35, 41–45)。英国法和《萨利克法典》的主张一致，在埃德加王（Edgar）和阿瑟尔斯坦王（Athelstan）颁布的法律中很多也规定了赔命价制度（Anglo Saxon Law）[编者按：该段文字是将写在另一张纸上的文字编写到此]。

杀伤赔偿的习俗广泛流行于各个民族，这从各民族的古语中皆可得知。希腊语的“ποινή”、拉丁语的“poena”到后来都具有刑罚的意义，而在最初的时候只是加害者的赔命价的意义。日耳曼人的“wergeld”，盎格鲁–撒克逊人的“were”，斯堪的纳维亚人的“bote”等皆是对杀人赔偿金的不同称谓（Sutherland, *The Origin and Growth of the Moral Instinct*, II, p.164）。据说，其他很多民族也存在着相当于赔偿金的语言（Koenigswärter, *Développement de la Société Humaine*, II.ch.1）。

社会文化发展到一定程度就产生赔偿习俗乃是社会进化的常态。因此，无论哪个民族都曾经历过这个阶段，即便一些国家没有与此相关的记录，也有很多迹象能够表明在有史以前曾经流行过此等习俗。文化发展到产生赔偿习俗阶段的特征有两个：一个是产生了原始经济思想，另一个是社会认识到了治安的价值。人类已经习惯了社会生活，知道治安在维持社会发展上的必要性，同时也经历过用财物来化解怨恨的事件，由此通过给予被害者财物来进行财物损失赔偿之事经常发生，最后演变成财物损失以外的杀伤损害也可通过赔偿方式为之，遂产生了以赔偿代替复仇的习俗。即便如今，也有不少民族实行赎罪制度。在苏门答腊岛上的勒姜族（Redjang），那里的犯罪统统可通过支付金钱方式进行赎罪。在卡尔梅克族（Kalmucks）的噶尔丹可汗（Kahn Galdan）颁布的法典中全都是关于赔偿金的规定。吉尔吉斯族的泰吾坎汗（Kahn Tiauka）颁布的法律也是如此，规定所有的犯罪皆可通过与被害者或其家属的协商、以金钱的方式进行赎罪。此外，在像爱尔兰的布里恩法[1]（brehon law）中，很多规定都是将赔偿作为一般意义的救济法（Post, *Die Anfänge des Staate-und Rechtslebens*, V）。

总而言之，原始经济思想的发达具有转变个体之自力救济的倾向，将其变成与其他个体之间的协议救济，以货物或金钱的赔偿来代替针对杀伤、偷盗等各种损害的复仇行为。复仇是个体的单独行为。赔偿是个体间的协同行为，而且这两个个体之间具有极强的张力，借助于这两类社会构成要素之间的意思一致，才能够达成赔偿协议。因此，赔偿代替复仇，即在社会构成要素的个体力之间产生了联系，个体力集中转变产生了社会力，这可以说是私力公权化的开端。

二、从复仇到赔偿的过程

在蛮族内部产生了原始经济的概念之后，发生了以物质赔偿来代替感情复仇的事例，由此引致私力公权化的过程逐渐加快速度。赔偿代替复仇的过程大致可分为三个阶段：复仇本位

[1] 布里恩法：爱尔兰古代法律制度，约于1650年为英国法律完全取代。——译注

主义、复仇赔偿同位主义、赔偿优先主义。

上述三个阶段显示的无疑是通常情况下的顺序，然而由于民族和地域不同，有的过程只具有第一个阶段，而没有另外两个阶段。该顺序只是显示了自然的路径，逆向的事例罕见。

（一）复仇本位主义

通过满足物欲来消除怒气、化解怨恨，也是因为复仇乃是针对受害行为的自然应对，赔偿不过是代替了复仇，因此，最初的常态就是针对受害行为进行血债血偿，假如加害者提供代偿物来谢罪，被害者可能接受赔偿，以此来代替复仇。在一些复仇义务观念极其盛行的民族，接受财物来终止复仇的行为被认为是不仁不义、极其卑劣的行为，人们排斥赔偿，甚至对此进行处罚。这样的事例并非没有，像我国以及中国，即便经济观念发达了，皆未出现为财物而出卖神圣复仇义务这样的习俗。然而，大多数的民族还是产生了可用物质代替复仇的习俗，不过复仇是复仇者本来的义务，复仇义务者不得自己提出赔偿要求。即便加害者提出赔偿要求，被害者的遗属也可自由决定是否接受对方的赔偿。

（二）复仇赔偿同位主义

物质赔偿代替复仇发生后，为了维持社会治安，社会权力者鼓励赔偿行为，往往将复仇和赔偿置于同等地位，并不承认两者之间具有差别或有先后顺序，只允许复仇者二者择选其一。

可以说，这就在私力公权化的进程中更前进了一步。

根据格林的记载，日耳曼民族自古就有“赔命价”（wergeld）的习俗，虽然针对生命、身体侵害的赔偿责任以及赔偿数额裁定的标准已经制定，但被害者可以选择战斗，而拒绝接受赔偿和解（Grimm, *Rechtsalterthuemer*, S.288）。不过由于这项赔偿制度对生命以及身体各部分的赔偿金额皆有所规定，这就对避免争斗十分方便，由此，越来越多的人不愿冒私斗之危险，出于便利之考量而选择赔偿的方式，久而久之这种做法就演变成在人们的观念里，赔偿作为通则，而复仇则成了异类。根据策夫勒的观点，即便以赔命价来赔偿，还依然存在古代的复仇对抗的共同责任迹象，即一旦加害者不提供赔偿，或无力赔偿而且其亲人也不代其赔偿，那么就通过对等复仇处死加害者，或者伤害其身体（Zoeffle, *Deutsche Rechtsgeschichte*, III, S.391）。由此可知，赔命价制度的确立最终改变了复仇本位主义，进而转变为赔偿优先主义。

公元64年，伦巴底国王罗塔利（Rotharis）颁布的《复仇赔偿法》，为我们提供了国家形成时代的统治者将个人的私力制裁收归为公权的明证。这部法律允许被害者的族人进行选择，是根据习俗采取族战的方式进行复仇，还是向法院起诉要求赔偿。在宣扬这部法律的目的之时国王说道，之所以特别允许进行杀人赔偿，而且赔偿金额特别大，就是为了诱使被害者族人抛弃族群复仇的旧习。国王还特意表示，他长久以来就希望禁止复仇，然而人民因袭的复仇观念之久使得无法采用法律全面废除复仇，他为此感到十分遗憾（Bethmann–Hollweg, *Der Germanische Civilprocess*, §60）。人民将复仇视为遗属神圣义务之观念数百年来一直深入民心，根本无法通过一朝立法而进行拔除。有鉴于此，当权者并不惊讶于人民的守旧性，而是逐渐驯化人民放弃私力转向公权救济，这种做法可谓用心良苦。

在伊斯兰教国家，直到近代才采取复仇和赔偿并行的制度，在出现杀伤的情况下，复仇者可二者择一，或者进行复仇（kesos），或者请求血价赔偿（diyet, dia）（Tournauw, *Das moslemische Recht*, S.239; George Sale, *The Kohran*, ch.II）。

在埃塞俄比亚，虽然复仇义务的观念淡薄（赫勒维希将其归结于基督教的影响），但还未发展到采用刑罚来代替复仇的程度。复仇者可以从仇家那里获得赔偿金来代替复仇，但在复仇者以没有接受赔偿的义务为由，拒绝赔偿的情况下，国家并不会将杀人者绳之以法，而是将其交由复仇者处死（Hellwig, *Asylrecht der Naturvoelker*, S.53）。

在英国，根据亨利一世颁布的第七十一号法律（Hen.I.71），在谋杀的情况下便将犯人移交给被害者的遗属，遗属可以选择处死他，也可以选择留他一条性命，让其出钱赔偿。将其与阿尔弗烈德大帝的赔偿强制法相比，感觉好像又回到了复仇旧态。

但实际上在这部法律中，一旦逮捕了杀人者，先将其纳入国家公权之内，之后才移交给被害者的近亲，所以，即便遗属杀了他，复仇者也如同国家的行刑者。因此，较之赔偿与私斗复仇同等地位以及复仇优先不进行赔偿的公认私斗复仇，上述这部法律所彰显的私力救济转化为公权的程度会更高一些。

（三）赔偿优先主义

赔偿代替复仇之后，国家的统治者为了通过此举来维持治安，往往颁行法律，规定复仇者必须先向仇家要求赔偿，仇家不能或者不予赔偿时，才可以选择复仇。虽然国家在当时还无法完全禁止复仇，但将赔偿的要求和支付当作复仇的前提条件，这就较之复仇赔偿二者选一的制度更能减少私斗，在维持社会治安上更富有成效。法制进化到此等程度，赔偿优先于复仇，这时便可将复仇视作例外的特许，这离禁止复仇的法律其实就一步之遥。

阿尔弗烈德大帝在盎格鲁-撒克逊时代就励精图治，立志要废除复仇私斗的陋习，这从他颁布的强制赔偿的法律中便可获知。《阿尔弗烈德法典》第42条（Law of Alfred, §42）中有如下规定：

前文　朕在此宣布，有仇家之人，若无事先向仇家要求赔偿者不可攻击对方。

第一款　假如复仇者有实力包围仇家使其无法外出之时，可监视他七天，不得攻击。假如仇家弃甲投降，便监视他三十天，不得加害于他，同时告知其亲戚朋友。

第三款　假如复仇者无法以一己之力包围仇家，可求助于长老，若长老不同意援助，在攻击仇家前必须申告国王。

第四款　假如复仇者与仇家狭路相逢……当仇家弃甲投降时，便将他监禁三十天，并通知其亲戚朋友。假如仇家不放弃武器投降，可攻击他（Laughlin, *Anglo-Saxon Law*, p.269）。

这部法典将赔偿作为复仇的前提条件，假如未给对方充分的赔偿机会，则不允许进行攻击。不仅如此，该法律还强制要求包围敌人，使其在一定期限内提供赔偿，在对方投降之后，还要通知其亲戚朋友，等待他们代为赔偿。由此不难看出，贤明的立法者立志铲除私斗弊害的思虑何其周到。

赔偿乃是针对复仇的代位制裁，法律将赔偿作为第一顺位制裁，假如仇家没有财力，或者有财力却不赔偿，那么自然就进行复仇。威尔士的古法规定了针对杀伤的赔偿责任，仇家不履行该责任的话，复仇者便可进行复仇。法国小城圣奥梅尔在公元1127年颁布的法律第20条规定，市民在遭受外人侵害的情况下，在请求赔偿后若无回应，三天后便可复仇（Warnkönig, *Flandrische Rechtsgeschichte*, III, S.163, 164）。

爱尔兰的布里恩法制度犹如古代法典的化石，沿袭了一千多年前的古法，所以可谓研究法律原始状态最为珍贵的资料（Maine, *Early History of Institutions*, Pref.; Richey, *Irish Law Tracts*, III. Pref.）。根据法典《古制全书》（Senchus Mor）以及《埃塞尔汇编》（Book of Aicill）记载，布里恩法制度的产生正值"法律初创"时期，乃是在公权发生时代的初期、赔偿代替复仇的时候（Cherry, *Growth of Criminal Law in Ancient Communities*, p.25）。布里恩法制度中规定，对所有侵害行为的救济都是一种叫作埃里克罚金（Eric fine）的赔偿，假如侵害者不进行赔偿，或者无力赔偿，那么被害者可没收侵害者或其近亲的财产，或者选择复仇。

法则中规定，以赔偿作为所有犯罪行为的救济，如果不进行赔偿，则可通过自力救济强制要求对方赔偿，或者可实施复仇。这样的法则乃是在人民的头脑中有了经济观念、产生了物物交换的习俗之后才出现的。因此，以往只能采取自力救济方法，出现人身伤害的话便血债血偿，出现财产侵害的话便没收财物，所谓的赔偿，便是放弃复仇权的代价。虽然以赔偿代替复仇的例子很多，但在最初，是否接受这样的代替，取决于被害者的自由选择。因此在爱尔兰岛，就是否接受赔偿这一点，公权作用于赔偿之上的现象经历了各个时代，从复仇优先主义转化为复仇赔偿同位主义，最后发展为赔偿优先主义。

前文提到的非洲的巴扎和库纳玛的避难同时兼具流放的性质，杀人者只需在他州暂住几年后，相信被害者的怨恨已经淡薄，便可以向被害者所在地的长老请求调停，假如长老认为这几年的流放已经充分达到惩罚的目的，便与被害者的遗属进行交涉，让其收取赔偿金，放弃复仇。在巴扎以及库纳玛，长老手握社会的最高权力，所以一旦长老同意杀人者的请求，劝告被害者遗属接受赔偿放弃复仇，即便遗属内心不乐意，但也无法抵抗长老的势力，在通常情况下就会答应收取少额赔命价来实现双方的和解。

达成赔偿协议的时候，需要举行赎罪仪式，通过此等仪式来终结复仇关系。仇家被允许在赎罪仪式后一年内返乡。然而，仇家即便返乡，也无法恢复所有的权利。仇家返乡后必须成为被害者家族的一员，一辈子为该家族做牛做马来弥补死者之位（Munzinger, *Ostafrikanische Studien*, S.501）。在笔者看来，杀人者成为被害者家族一员终其一生的习俗甚为怪异，但赫勒维希认为这个习俗来源于巴扎人和库纳玛人的宗教信仰（Hellwig, *Asylrecht der Naturvoelker*, S.62）。从其他民族的风俗习惯来进行类推，所谓弥补死者之位，并非去代替死者生前在该家族中所处的地位，而是要去弥补由于被害者的死亡而造成的家中人口缺失。因为一家中死亡一人，便意味着被剥夺了一个人的劳动力，失去了平时可耕作狩猎的劳作者，失去了在战争时期攻击防御的战斗成员。因此，经济上的永久损失不是用些许的赔偿金便可补偿，而是必须用造成这一损失的杀人者一辈子的劳作来进行补偿，方才最为恰当。由于上述原因，该习俗在其他民族中有时并不是以赔偿的形式出现，而是将杀人者变为奴隶，两者皆同出一源，可以说这种现象就是所谓的“以身赎罪”。

三、仲裁

将赔偿和复仇置于同一顺序，允许进行选择，或者赔偿优先，复仇前必须申请赔偿的时候，即便仇家承诺进行赔偿，关于赔偿的额度，接受方必然希望能够多得，而赔偿方必然希望能够少给。因此，当基于上述矛盾而协商不成时，当事人只有两条路可走：一是重新恢复到原有的剑拔弩张般的仇敌关系；二是通过其他方法来进行协调。既然当事人已在协商赔偿之事，争议之处仅为赔偿金额，当事人双方又皆有和解之意，因此，在大多数情况下，当事人便倾向于寻求双方均信任的第三方的帮助，请求第三方来决定赔偿的额度。可以说，这是一种自然的发展趋势。当事人就赔偿物的种类无法达成一致之时，也采用上述解决方法。被请求充当仲裁者之人，大多为社会的有权者，例如族长、长老、僧侣、药师、占卜者等，这些人在一定意义上代表了社会力的一部分。有时上述这些人会主动为当事人双方进行仲裁，以此来维持社会治安。该习俗存续的时间一久，便出现了临时或者常设的仲裁机构。例如，中高加索的奥塞梯人（Osset）假如对赔偿存在争议，就从当事人双方中各选三人，然后被选者选定裁判长一人，总计由七人组成仲裁小组，当事人则宣誓愿意服从裁定，同时双方各出三位保证人（Haxhausen, *Trans-kaukasia*, II, S.50）。西高加索的切尔克斯人（Cricasia）在杀人事件上对赔偿金额若存在争议，就通过当事人相关部落的长老协商确立仲裁员，来裁定赔偿的品种以及赔偿额度。其中这些赔偿品通常皆为家畜、铁具、奴隶、兵器、食品等。

将上述两个仲裁机构进行对比，前者是自动的，从当事人中选出仲裁员，由他们来进行仲裁，因此这不过是当事人的私下协定。而后者是请求受社会成员尊重的、代表一部分社会管制力的长老来干涉当事人之间的争议，调停社会成员之间的不和谐。争议双方念及调停者所处的地位，即便有不如意的情况出现，也必须服从最后的裁决，假若不服从，便会被视为反抗和侮辱社会权力者而受到社会的制裁，因此，可以说，长老的仲裁最后便如同强制机构的仲裁法院。

一个民族一旦开了通过赔偿来避免复仇流血惨剧的先例，之后便会有效仿者，一旦通过协定规定了赔偿额度，或者通过仲裁平息了额度之争，那么之后的赔偿额度只要没有其他特殊情况，便会遵循此等先例。如此这般，经年累月，不论先例制定的理由如何，只要作为先例就要得以遵循。最初先例只是作为决定后来之事的参考资料，最后逐渐演变为强制规范，约束着当事人的意志，强制要求当事人加以服从。

一旦产生重视先例的风俗后，社会的权力便归属于长者。因为长者记忆的先例最多，毕竟在无文字记载的时代，先例只能依靠个人的记忆来保存。只有上了年纪之人才能在经历诸多事例后积累经验，由此只有长者才有先例的记忆，虽然年轻人也有智有才，然而在先例记忆这一点上却不及长者。长者就是活的法典、活的礼典以及社会的支配者（参照拙著《隐居论》第八编第一章）。婚姻、丧葬、祭奠等社会各类仪式须请教老人，发生争讼异议之事便申告长者，请求他们的裁断。杀人赔偿的金额也是如此。假如当事人就此无法达成协定时，便去请求长老出面调停，或者是长老为了社会安稳，自己主动出面居中调停。当进行裁决时，长老一般会尊崇先例，当事人也要服从先例的权威。长老备受社会尊重，假如当事人不服从长老作出的裁决，便会招致社会的反感，甚至会受到社会的制裁，最后社会便以公权力的形式强制要求当事人服从。

在爱尔兰岛，以赔偿代替复仇的风俗虽然早已出现，但最初当事人双方就赔偿额度无法达成协议之时，就会经常请布里恩教徒进行裁定。因为布里恩教徒大多是诗人，往往将先例典故谱成诗歌后进行记忆，所以当社会各类事件存在争议或疑义时，必请他们来进行裁决。他们既是酋长的顾问，同时也是人民的仲裁者、法官以及咨询者。

在雅典，一切争议也是由六十岁以上的老人来进行仲裁，若当事人对仲裁结果不服，小事就由201人组成的市民会来进行裁决，大事则由401人组成的市民会来裁决。此等市民会由古代的民间团体集会（Agora）发展而来，以前的人们为旁听并协助长老的仲裁而组成了该集会（Sutherland, *The Origin and Growth of the Moral Instinct*, II, p.164）。此番沿革充分展示了在一定意义上代表社会力的长者仲裁转变为直接代表社会公权力的民间团体裁决的途径。

四、赔偿义务者

赔偿在最初是个代替制度，赔偿义务者和被复仇义务者理当是相同的范围。拥有接受赔偿的权利之人的范围也与复仇义务者范围相同。复仇在最初是族群对族群，之后其范围逐渐缩小至被害者的近亲与加害者一人。赔偿也是如此，最初加害者所在族群全体负有赔偿义务，接受赔偿的权利亦为被害者所在族群全体所有。然而，伴随复仇范围的缩小，赔偿义务者的范围也随之缩小，只限于血族中的等亲或者近亲。赔偿权利者的范围也是随着复仇义务者范围的缩小而相应改变。非洲的博戈苏人（Bogosu）的习俗就是如此，当族人中有人负有杀人赔偿义务，那么同族中的所有成年男子要均摊该义务。此外，接受赔偿的权利也具有全族性，不管与被害者的亲属关系是远是近，全族人皆均分该赔偿（Munzinger, *Sitten u.Recht der Bogos*, S.83; *Ostafrikanische Studien*, S.208）。根据格林的记载，日耳曼民族中同属“刀剑亲”和“纺锤亲”（Schwert–und–Spillmagen）关系、负有共同对外族宣战义务之人，皆负有赔偿义务，并享有受偿权利（Grimm, *Deutsche Rechtsalterthümer*)。在非洲的马雷亚族，加害者七等亲之内的人都平均负有赔偿的义务，接受赔偿的人为被害者的全体族人，不过被害者近亲能多获得一些赔偿（Munzinger, *Ostafrikanische Studien*, S.242）。

根据盎格鲁–撒克逊的法律，支付赔命价（Weregeld, Wehrgeld, Wergild）的义务和接受赔偿权利两者的范围相同。例如，兄长杀了人，其弟就有义务向被害者遗属支付赔命价，而兄长被人杀害，其弟就拥有接受兄长赔命价的权利（Hen.I, 75, §5）。即便被害者的亲属皆拥有接受赔命价的权利，但父子、兄弟以及叔伯等却具有优先权，享有接受赔命价的第一批缴纳金（healsfang）的权利。

威尔士的古法规定赔偿为全族义务，但其负担额度根据亲疏差别而有所不同。赔命价将总额一分为三，其中一份是加害者以及其父母、兄弟姐妹、子女来负担，另外两份由九等亲以内的亲属按照一定比例来分担（Walter, *Das alte Wales*）。

诚如上文所述，在赔偿时代的初期，赔偿义务和受偿权利乃是全族共有的。族人对各自的分担额度以及各自的分配额度并未作精确的规定，只是根据当时的情况来进行义务分担和受偿分配。然而由于各人的利害程度各异，族人之间就此出现争议也很常见。有鉴于此，赔偿义务的有无以及赔偿额是否恰当等争议，不仅要在加害者与被害者之间达成协议，而且连双方的族人也需要决定其各自权利义务的顺序、分担率、分配率等问题，因此，在这些情形下，除了当事人之间的协商之外，还需要有势者的劝告、长老的仲裁、权力者的裁决，而且在先例成为决定后发事件的榜样之后，渐趋就会产生一定的惯例。所以，在原始法律中，有关赔偿的内容关涉额度裁定、分担率、分配率的最多。

根据爱尔兰的布里恩法，族人为同族人的犯罪负担的赔偿义务，经常与同族人被杀情况下的受偿权利相对，同族人被杀时有权利接受赔偿金之人，在同族人杀人时便负有支付赔偿金的义务。到了后来，赔偿负担根据遗产继承的顺序来决定，负有赔偿义务的第一位的是犯人，接下来依次是其子、父、其他亲属以及犯人的帮凶、庇护者，最后是国王。当犯人的亲属等犯人以外的人进行赔偿时，可以让犯人使用自己的财产来还债。

在全族赔偿义务以及受偿权利中产生顺序，是原始共同责任逐渐向个人责任发展的开端，同时也彰显出社会管制力的发展。犯人以外的人支付赔偿金的行为，在最初是作为同族人，与其他族员共同负担的个人责任，但发展到后来，他们不仅位居次位，而且拥有事后要求偿还赔偿金的权利，因此，原有的共同责任观念基本作废，赔偿遂成为犯人的个人责任。

有些民族中留存着全族对犯罪负有共同责任的习俗，假若族中有些无赖经常杀人，或者抢劫财物，便会时常牵累族人，族人无法忍受承担他的赔偿负担，于是往往将这样的惯犯从亲族中除名，或者惯犯自己脱离族群，以此来免掉自己身上对族人犯罪所承担的赔偿责任。在布里恩法中，当亲族中出现惯犯，族人可以举行离族仪式，驱逐其人，表示从此往后不再对该人的行为负担任何责任。在《萨利克法典》（Lex Salica, Tit.63）中，亲族的成员可以通过公告来宣布对其他族人的犯罪所产生的赔偿完全不负担责任。上述这些规定产生于全族责任主义有所衰退之时，布里恩法规定的被驱逐的成员、《萨利克法典》规定的从亲族共同义务中脱离关系的成员，自然无法享有族人权利，也无法获得族人的保护。

五、赔偿的品种

虽然当时产生了以货物来赔偿损失的习俗，但在货币尚未被发行，或者虽有货币但未获广泛流通的时代，赔偿的目标物必须是当时能够成为交换媒介的一般社会需求品。例如，牛马等家畜因为便于交换分合，所以被作为最普遍的赔偿品而获得广泛使用，除此之外，还有妇女、儿童、奴隶、粮食、兵器、猎具等也常被视为赔偿品。

在古代欧洲，家畜是最普遍的赔偿物品。在德拉古的法律中，赔偿的额度也是用家畜来计算的（Pollux, *Onomasticon*, IX, 61）。日耳曼人允许杀人等所有犯罪都以牛或马来进行赔偿（Tacitus, *Germanicus*, 12）。在卡尔梅克族（Kalmucks）的噶尔丹可汗（Kahn Galdan）颁布的法典中记载的赔偿种类以家畜最为普遍，一等公民可用甲胄、兵器等进行赔偿，根据犯罪的种类不同，有时必须以自己的子女来进行赎罪。达马拉族（Damaras）以两头牛抵偿一条人命，赔偿两头牛就可代替复仇（Sutherland, *A Origin and Growth of the Moral Instinct*, II, p.163）。奥塞梯人（Osset）对杀人的赔偿是以子女作为赔偿品的，假如想以家畜来代替子女，则一男童等同于三十六头牝牛，一女童等同于十八头至三十头牝牛（Post, *Die Anfänge des Staate-und Rechtslebens*, v）。

爱尔兰的古法与上述情况颇为相似。在爱尔兰，当时还未出现货币，《古制全书》（Senchus Mor）以及《埃塞尔汇编》中记载了关于赔偿额的详尽规定，但这些赔偿皆不以货币计算，而是以坎巴尔（cumbal）作为价格标准。这个词的原意是女奴隶的意思，后转化为牛价的意思，一个坎巴尔等于三头牛。因此，在后来的赔偿时，这个词就不再具有妇女的本意，但也不一定指等价的牛，而是以三头牛作为价格单位来衡量其他物品。例如，在《古制全书》的序言中提到了一起赔偿事件，当事人赔偿了“七坎巴尔黄金，七坎巴尔白银，七坎巴尔土地”。在此种情况下，相当于七坎巴尔的牛有二十一头，赔偿额为与这二十一头牛等价的黄金、白银以及土地。从这则记录中可以看出详细的变化沿革，最初是以妇女来作为赔偿，后来改为以家畜来作为替代，最后定为以金银与土地来进行赔偿。

将家畜作为最普遍的赔偿品，是因为牛马乃是一般必需品，可以头为单位来累积计算；不仅如此，这类物品还很容易与其他物品交换，经常被作为交换的媒介，所以不会有人拒绝这样的赔偿。在由实物交换演变为以货币作为法定等价之买卖的过渡期中，家畜成了货币的先驱。

上文中业已提到，在古代欧洲，一般以家畜作为赔偿品。因此，在货币出现的最初时期，货币的交换价格很多都是通过家畜来决定的。例如，在里普利安（Ripuaria）出现货币的时候，货币作为赔偿品可以替代家畜，家畜作为赔偿品可以使用货币，一头母牛相当于一先令，一头公牛相当于两先令，通过这样来换算成原来以家畜来计算的赔偿额（Lindenbrog, *Law*, 36）。在当时货币并未广泛获得流通的时代，假如不允许设置这样的换算法，以家畜进行全部赔偿或补充一部分的赔偿，那么赔偿将会很难持续下去。

易洛魁人以及其他西印度群岛上的种族将一种叫作“瓦姆庞”的贝壳作为交换媒介，在杀人的情况下将其当作赔偿品，也是基于同样的道理（Morgan, *The League of the Iroquois*, p.331）。除此之外，贝壳、龟甲、宝石等物品都是交换媒介，一旦有了货币，以赔偿来代替复仇之习惯发展得更为迅猛。

就赔偿物的品种而言，加害者提供的不一定就是被害者所希望获得的，由此，就可能造成协商破裂进而发生流血惨剧，或者产生争议，而需要他人居中调停。但是，一旦有了像货币这样的普遍交换媒介，加害者提供的赔偿物都可被换成被害者所希望的任何东西，因此，除了有些民族产生为了物欲而出卖臣子义务的陋习之外，货币的广泛流通使得复仇习俗加速走向衰亡。综上所述，随着便利的交换媒介的出现，被害者接受损害赔偿的意向逐渐增强，其结果便是赔偿代替复仇的习俗越发盛行。由此不难看出，交换媒介物的发展带来了复仇习俗的衰退。

六、赔偿的额度

赔偿额度的进化也非常明显地显示了个体力转化为社会力的途径。在赔偿代替复仇的最初阶段，每一次的赔偿额度都需要由当事人协商而定，并不存在预先确定的额度标准。在当事人协商不成时，便请第三方来裁决，或者第三方主动居中调停，由此开启了赔偿预定额的先端。当遵循先例的时间一久，最后便产生了一定的赔偿额度惯例。当国家组织基本健全时，便会设立临时或者常设的裁判机构，来裁决每一次的赔偿额度，或者通过法律制定针对杀害等犯罪的赔偿额。随意协定额是由两个独立个体力的合意来进行决定。通过仲裁产生的裁定额是由代表一部分社会力之人的效力和相关的个体力之间的合意来决定的。因此，在这种情况下，一部分社会力加诸个体力之上，而且制约着个体力。仲裁者参照先例进行量定的裁定额，是由涉及先例的仲裁者以及当事人的所有效力的合意来决定。由此，在这种情况下，仲裁者的裁定可以说是包含先例的社会力与个体力之间相互结合的体现。法律定下的赔偿额乃是社会力的体现，通过此举来对个体力进行控制。

赔偿中的预定额，始于仲裁者尊重先例进行的裁决。根据爱尔兰的布里恩法，针对所有犯罪的赔偿额乃是根据加害者和被害者的身份以及犯罪性质来予以决定，例如首长、僧侣以及诗人的身份差异会造成赔偿多寡的区别，谋杀和误杀也有赔偿轻重之分。此外，各人的生命价——杀人赔偿额——被称为名誉价格（enachlan, honour-price），其量定要依据财产状况、亲属状况、职业来进行裁定，每个人都可以从中选择一项来进行量定。这种名誉价格的量定，以及其他例如根据遗属分配遗产的比例来分配赔偿额的量定等，都极为烦琐，因此皆会请求作为国王或者首领之顾问的诗人来进行裁决，因为他们都能背诵和复述先例。布里恩法就是这些诗人们编纂出来的法典，其中关于赔偿金量定的规定占据了大部分内容。换言之，爱尔兰古法典《古制全书》以及《埃塞尔汇编》在某种意义上就是关于赔偿的先例集。

关于赔偿的量定，先例发挥了很大的作用。赔偿额的量定自然是依照不同的情况来决定，但在半开化的社会中，鉴于人际关系不太复杂，造就仲裁的事件很多与前事相类似。因此，在当事人协商赔偿额时，不少是将类似事件中别人曾经支付过的赔偿额当作协商的基础。长老们在进行仲裁之时也是如此。在不断地遵循先例的期间，就渐趋产生了一定的惯例。

赔偿的定额有以加害者的行为作为标准的，也有以被害者的身份作为标准的，有时也会依照性别、民族、年龄等作出决定。以行为作为标准来确定赔偿额的例子包括上文中提到的达马拉族杀人赔偿牛两头，达雅人杀人赔偿八英镑。《里普利安法典》（Leges Ripuarium）则是通过人种来决定杀人赔偿的额度：法国人是两百先令，勃艮第人是一百六十先令，罗马人是一百先令，如此以民族为标准来设置预定赔偿额（Lindenbrog，*Law*, 36）。

吉尔吉斯族（Kirghiz）的泰吾坎汗（Kahn Tiauka）颁布的法典中规定，杀害男性赔偿羊一千头，杀害女性赔偿羊五百头。俄罗斯雅罗斯拉夫一世（Jaroslav）颁布的法典也规定女性的赔命价是男性的一半。在很多情况下，杀伤女性的赔偿额总是明显少于杀伤男性的赔偿额。

根据年龄来设置赔偿定额差的事例往往出现在半开化的民族中。《西哥特法典》就是其中规定最为详尽的一例。例如，一岁男童的赔命价为六十索尔多（Soldi），女童为三十索尔多；四岁至六岁的男童为八十索尔多，女童为四十索尔多；十岁的男童为一百索尔多，女童为五十索尔多。以此规律逐次递增，而且女性的赔命价是男性的一半。然而，女性一旦到了十五岁，其赔命价就会陡然增加，十五岁的男性赔命价为一百五十索尔多，而女性从十五岁至四十岁为二百五十索尔多；四十岁之后开始递减，从四十岁至六十岁为二百索尔多，六十岁以后减至一百索尔多。男性在十岁至十九岁时，每增加一岁多加十索尔多，从二十岁开始价格增加，从二十岁至五十岁为三百索尔多，五十岁以后开始递减，五十岁至六十五岁为二百索尔多，六十五岁以上为一百索尔多。在法国人的赔命价中，少女以及失去妊娠能力的女性赔命价为两百索尔多，具有妊娠能力的女性的赔命价为前者的三倍，即六百索尔多，而正处怀孕中的女性赔命价最高，达七百索尔多（Grimm, *Deutsche Rechtsalterthümer*, S.405ff.）。由此可见，男性的成熟期和衰老期都比女性晚五年，有战斗力的男性与有妊娠能力的女性的丧失都会给整个种族的盛衰造成直接的影响，因此其赔命价也因他们的这些能力而远比其他人高出许多。

根据巴斯蒂安（Bastian）《世界民族法律关系论》中的记载，

在泰国，对杀人情况的赔偿金依照年龄的大小作了最为详密的规定。例如，杀了一个月至三个月的男童需赔偿六铢（Tical），女童为四铢；四个月至六个月的男童为八铢，女童为六铢。之后男女都是每大两个月各递增两铢，到一岁至两岁，男童为十六铢，女童为十二铢；三岁至四岁的男童为二十铢，女童为十六铢。随后都以此比例递增。从十六岁至二十岁开始，比例发生变化，男性为四十八铢，女性为四十铢。男性在二十六岁至四十岁赔命价达到最高值五十六铢，四十一岁以后开始递减，四十一岁至五十岁为四十八铢，递减到九十一岁至百岁，只剩下四铢。女性从二十一岁开始至三十岁的赔命价最高，达四十八铢，从三十一岁开始递减，三十一岁至三十五岁为四十四铢，逐渐递减到九十一岁至百岁结束，为三铢（Bastian, *Rechtsverhältnisse bei verschiedenen Völkern der Erde*, 1872, S.249）。

七、赔偿的分化

最初，杀人赔偿金和赔偿品皆是赔偿给被害者的全体族人，或者是给被害者近亲，然而不管哪种情况，都能以此来代替复仇，平息被害者族人或者亲人的愤怒，所以，上述两种情况都不外乎是将人与人之间的赔偿当作目的。然而，一旦赔偿涉及长老等社会有势者的第三方仲裁，赔偿的关系便不仅仅是被害者与加害者之间的私人关系，代表部分社会公力的人物也参与到赔偿关系之中。这是公权力加诸私人关系之上的开端，在此等情形下，当事人会拿出赔偿金的一部分，来酬谢仲裁者的功劳，并由此慢慢形成惯例。伴随社会组织的逐步完善，人们意识到，杀人盗抢等犯罪不仅仅影响了直接的受害者个人，而且扰乱了社会的稳定与秩序，破坏集体的凝聚力，于是公权机关的首领不仅将这些犯罪视为对个人的侵犯，而且损害了首长以及社会治安的公共利益，所以，除了当事者之间的赔偿以外，罪犯还必须向首长支付例如治安金之类的赎罪金。

至此赔偿金出现公私差别，一种是支付给私人来赔偿其损失，另一种支付给公家来弥补自己对权力的侵犯。两种方式并存。此外，例如支付给公家的治安金，在最初依然是对治安侵害的补偿，其性质就是赔偿金，与这种观念并存的是，该行为还“侵犯国王治安”（breach of the King’s peace），是冒犯首领公权力、扰乱社会治安的行为。随着公权力的发展，支付给公家的赔偿金失去了损害赔偿金的性质，而渐趋具有犯罪惩罚金的性质。

盎格鲁－撒克逊人关于赔偿金的惯例法中显示了赔偿金的分化以及赎罪金的产生。盎格鲁－撒克逊人有三种赔偿金。第一种叫“wer”，第二种叫“bot”，第三种叫“wite”。“wer”是赔命价，相当于根据身份确定下的每人的价格，在杀害情况下由加害者支付给被害者的亲属。“bot”是赔偿金，作为偷盗罪、侮辱罪以及其他不伴随财产损失的伤害罪的赔偿来予以支付。“wite”是治安金，作为破坏治安的违章罚款支付给国王（Cherry, *The Growth of Criminal Law*, p.83）。这三者在最初虽然皆是针对个人的赔偿金，但三者之间还是具有区别的。“wer”和“bot”针对私人，“wite”针对公家，因此，后者需用公权来强制收取。而且“国王的治安”（King’s peace）最初是为了保证国王身体的不可侵犯性，意思是要在国王身边一定区域内保持治安稳定，但随着后来国王的权力日趋增大，区域也随之扩大，最后王权遍及全国，“国王的治安”的范围也随之扩大至全国（参照拙著《法律进化论》第三册:《禁忌与法律》）。随着与国王身体相关的治安圈的扩张，在此圈内妨碍治安的行为很多皆与国王的生命安全并无直接关系，于是就产生了如下的观念：杀伤斗殴等治安侵害行为不再是对国王安全的侵犯，而是扰乱了公众普遍的治安。最后国王的治安圈已与国境相契合，“国王的治安”等同于“国家的治安”。一旦产生“国王的治安”等同于“国家的治安”的观念，治安金便不是针对损害国王本人利益之行为的赔偿，而被视为针对损害国家公共利益之行为的赎罪金。由此，在杀人赔偿金中就出现了与公共利益相关的部分和与私人利益相关的部分，公共利益先于私人利益，因此对扰乱治安的刑罚在先，代替复仇的赔偿在后。

赔偿金原本是作为被害者放弃复仇权的回报，所以在一开始，接不接受赔偿金自然完全由被害者作主。假如被害者的遗属满腔愤恨，要取仇人之命来告慰死者在天之灵，也有可能拒绝接受赔偿金。一旦被害者一方答应接受赔偿金，而仇人不支付，那么原有的复仇权便会自然恢复。在仇家这一方，假如自己的族人势力强大而对方又要求过分，也可能撤回赔偿的提议而答应应战。总之，在赔偿金的初期，赔偿不存在任何强制因素。

在此之后，赔偿有利于免除争斗流血之惨剧，可以维持团体的治安，即便蒙昧的民族也能很快地意识到这一好处，所以赔偿代替复仇的事例逐渐增多，后例遵循前例，经年累积的结果便产生了惯例，惯例又产生了义务观念，只要对方提供适当的赔偿，被害者亲属以及族人就应当接受，如果仇家不提供适当的赔偿，便可进行复仇。由此复仇的性质发生了一些改变，它随着赔偿惯例的发展，从原来的首位制裁逐渐演变为次位制裁，同时也兼有强制手段的性质。

《阿尔弗烈德法典》第42条乃是彰显上述变迁的恰当例证，现特摘录如下数条内容：

前文　朕在此宣布，有仇家之人，若无事先向仇家要求赔偿者不可攻击对方。

第一款　假如复仇者有实力包围仇家使其无法外出之时，可监视他七天，不得攻击。假如仇家弃甲投降，便监视他三十天，不得加害于他，同时告知其亲戚朋友。

第三款　假如复仇者无法以一己之力包围仇家，可求助于长老，若长老不同意援助，在攻击仇家前必须申告国王。

第四款　假如复仇者与仇家狭路相逢……当仇家弃甲投降时，便将他监禁三十天，并通知其亲戚朋友。假如仇家不放弃武器投降，可攻击他。

上述法典中提到当仇家弃甲投降时，监视仇家三十天，同时通知仇家的亲戚朋友，这是要在这段时间暂缓复仇，等待仇人提供赎罪金。假如过了三十天，本人及其亲戚朋友并未提供赔偿，复仇权才会恢复。赔偿的提供乃是复仇的停止条件。

萨瑟兰认为，复仇习俗演变为赔偿习俗乃是普遍现象，即便由于执念之深浅与物欲之多寡而使得赔偿风俗的产生难易不同，但在族群战争时代，假如没有族人的帮助便无法复仇，因此族人会强制被害者遗属通过赔偿来达成和解。因为族人也参与赔偿的分配，因此与其冒着开战的危险，不如强制要求遗属通过赔偿实现讲和（Sutherland, II, pp.162, 164）。

复仇习俗朝向赔偿习俗的演变自然是制裁进化的通则，但是萨瑟兰认为这是绝对的普遍现象。他说："据我所知，任何一个蛮族或多或少都存在着接受赔偿来避免族战的习俗。"萨瑟兰的说法恐怕有点过于夸大。在文化迅猛发展后，一方面盛行宗教或道德意义上的复仇义务，另一方面也通过宗教或德教奉行制欲的教义，为钱财出卖节操道义被视为可耻之事，因此不少民族通过与文化较早发达的民族或外族的接触，受到上述习俗的巨大影响，并未产生以财物代替复仇的习俗。中国自周代以来便有不共戴天之说，复仇乃“天下之公道，古今之通义”，是最为重要的义务，因此断然不会为钱财出卖复仇道义。《周礼·调人》中载：“凡过而杀伤人者，以民成之，鸟兽亦如之。”当有人过失杀害或伤害他人时，便让乡里的民众来进行调停，假如无法和解，便将其发配至远方。这里的“以民成之”，是否出现用财物或金钱来进行赔偿，我们不得而知，但后一句“鸟兽亦如之”，根据贾公彦的注释，当无意中伤害了鹰鸟牛马等动物时，便要进行和解，赔偿等价之物，如此看来，过失杀人或许也可通过物品、金钱来进行和解。中国没有像其他民族那样将赔偿代替复仇作为定例，在刑法确立之后，甚至禁止受财私和。中国没有经历过赔偿时期，而是从复仇时期直接进入刑罚时期。我国的情况也是如此，在复仇时期与刑罚时期中间并不存在赔偿时期。

摩西的法律禁止对杀人行为进行赔偿，他接受了耶和华的命令：“杀人者必须偿命，不能用金钱赔偿而逃避惩罚。”有避难权躲进逃城的人也不能用赎金来与复仇者私下和解，以达到自己在大祭司逝世之前返乡的目的（《民数记》第三十五章第三十一节、第三十二节）。如果牛抵死了人，牛主也必须被处死，但他若支付赎金，便可允许赎回自己的性命（《出埃及记》第二十一章第二十九节、第三十一节）。《旧约全书》的解释者认为，在摩西之前以色列人便有杀人赔偿的习俗，摩西设置杀人赔偿的禁令，就是因为人类是神的肖像，人的生命是神圣的，侵犯生命之人相当于犯了渎神罪，因此不可用金钱来为自己赎罪，唯独牛抵死人的时候，牛主并没有做出亵渎神灵的行为，所以可以根据旧俗来进行赔偿赎命。

在有些民族中，不论是与生命抑或财产相关的犯罪，皆可通过赔偿来躲避复仇或者刑罚，然而随着国权的发达，国家开始缩小允许赔偿的犯罪范围，从重大犯罪开始逐步禁止赔偿而实行刑罚。由此就产生了可赎罪和不可赎罪的区别。例如，《克努特法典》（Leges Knut, II.56）便有如下规定："非法入室、放火、贪污、杀人以及叛逆罪在法律上皆为非赔偿罪。"

高加索的奥塞梯族（Ossetians）在一些不致命的伤害中允许赔偿，但是如果是谋杀以及殴打致死的情况，被害者的亲属并不负有同意接受赔偿的义务，他们经常实施复仇。除此之外，非洲刚果的罗安哥人（Loango）以及班巴拉人（Bambara）在原则上认定所有犯罪都可赎，但唯独谋杀不可赎（Post, *Bausteine*, §41）。

另外，不少国家根据犯罪意图的有无来区别对待赔偿。例如，德拉古的法律中规定，在无杀人意图而使人致死的情况下，死者的同族人可以接受赔偿来代替复仇（Platner, *Attisches Recht*, S.154）。

因为赔偿原本就是复仇的替代制裁，所以在实行的最初时期是由复仇者随意选择是否接受赔偿。但发展到后来，人们通过赔偿来维持治安稳定，于是法律便作出明文规定，对方拒付赔偿金乃是复仇的条件，或者法律制定了赔偿额度的标准，通过各种方式来奖励或者强制进行赔偿。随着国权的扩张，司法机关的逐步完善，犯罪乃是对国家的公共侵犯之观念深入人心，于是接受财物私下和解是对公权置之不顾的观念也随之发展，最后导致国家禁止赔偿，以刑罚来取代赔偿。盎格鲁－撒克逊法律中的伊德尔里法（Law of Ethelred）规定："初犯时被告要支付给原告赔偿金（bot），支付给君主赔命价（wer），同时要保证今后不再作恶。再犯时只能拿脑袋赔偿。"这里的"拿脑袋赔偿"，就是再犯者不可再用金钱赔偿，而是通过砍头来进行赎罪（Thorpe, *Ancient Laws of England*, I, 281）。伊德尔里法显示了法律从私诉之法转移为公诉之法的开端，国王也可向杀人者要求被害者的赔命价。赔命价就是身价，从前是加害者向被害者支付的赔偿金，最后发展为不是直接被害者的国王向杀人者要求赔命价，可见赔偿金转变为了以身价为标准的罚金。

与国权的发达成正比的是私力制裁的范围逐渐缩小，私力转变为公权力。根据日耳曼民族的古法记载，杀人者的亲属、父系、母系都包含在内的数等亲皆有义务进行赔偿，为犯人赎罪。这种规定不唯日耳曼民族所独有，它是广泛流行于许多民族中的风俗习惯，亲属连带的复仇观念乃是其基础，起源于以赔偿代替族战的行为。然而，这种亲属赎罪的义务到了后来也逐渐不再被强制。在希尔佩里克国王（Chilperich）的法令、希尔德贝尔特二世（Childebert II）以及克洛塔尔二世（Chlotar II）的治安条例（Pactum pro tenere pacis）中皆废除了亲属赎罪的义务，将其视为任意行为，只能是杀人者的亲属愿意提供赎罪金时，被害者的亲属才可收取赎罪金而放弃复仇权，而且不再允许向杀人者的亲属要求赎罪金。希尔德贝尔特二世在公元596年发布法令，严禁杀人者的赎罪金，亲属朋友一旦触犯该法便处以重刑（Zoepfl, *Deutsche Rechtsgeschichte*, III, S.394）。这是国权已经极大发展，通过刑法实施制裁的特征。

门的内哥罗的达尼洛一世颁布的法典第27条（Gesetzbuch Daniels I, §27）也作出如下规定：并未受到侵害也非必要防御而恶意暴力杀害他人之人，不可赎罪，直接处死。

在伊斯兰教国家，根据《古兰经》记载，被害者的遗属将加害者引渡回来后，或是自行复仇，或是接受赎金，可以二者择选其一。这种情况非常普遍，例如波斯[1]现今依然存在着此种惯例（George Sale, *The Koran*, p.19, note）。在19世纪初之前的土耳其，国家并不是通过公权来惩罚杀人者，而是由被害者的近亲来复仇，或者接受血价赔偿（Dia），赦免杀人者，但到了1824年，《穆罕默德统一法典》（Code Moulteka）[2]普遍禁止复仇，改为对杀人者进行判刑。然而，在某些特殊情况下还是允许杀人者向被害者遗属支付血价来免除刑罚。1840年的《刑法典》第10条首次全面废除血价制，通过公权对杀人者处以死刑。正如彻里（Cherry）所言："在此刑法实施之前，土耳其没有称得上是刑法的法律。"（Cherry, *Growth of Criminal Law*, p.54）。

在杀人等各类损害赔偿的惯例产生之后，赔偿的额度通过杀害原因、被害者和加害者的身份等各类与损伤有关的情况来

[1] 波斯乃是伊朗在欧洲的旧称译音。1935年，波斯国王礼萨沙赫·巴列维宣布国际上该国应被称作"伊朗"。——译注

[2]《穆罕默德统一法典》是奥斯曼帝国鼎盛时期（大致为苏莱曼大帝统治期间）立法体系的一个重要组成部分。它主要建立在几位重要的伊斯兰教法学者，例如阿里·艾方迪（Ali Efendi）或阿卜杜勒·艾方迪（Abdurrahim Efendi）秉持的理论学说（fetvas）基础之上，因易卜拉欣·穆罕默德·哈拉比（Ibrahim Muhammed el Halebi）将这些理论学说加以整理并使其条理化而最终成就一部较为系统而全面的法典，故而，后世将这部法典称为《穆罕默德统一法典》（Code moulteka）。"moulteka"乃是阿拉伯语的拉丁字母表达，意思为"统一"。对土耳其学者古尔巴哈尔（Gulbahar）小姐对此问题的详尽解答，深表感谢！——译注

进行裁定，因此，在裁定赔偿额度时，当事人之间的意见往往无法达成一致，于是不得已又重新使用复仇权利来进行处理。因此，古代的争讼多以赔偿金额的裁定作为目的。为了让复仇争斗的风俗演变为赔偿求和的风俗，最合适的办法就是事先制定一个适用于各类场合的赔偿金额来要求人们加以遵循。由此，自古以来请求长老等权力者来裁定赔偿金额的类似事件长年累月积累下来便形成了一定的标准，长老们记得这些先例，进而可通过先例来裁决后来的事件。因此，即便酋长或者国王手握裁判权，但在最初时期也得请长老作为顾问，借助长老的记忆力遵循先例进行判决。到了后世有了文字，酋长以及国王书写下这些先例，这些文字代替了长老的记忆，并且被作为独立判决的标准。这些赔偿量定的先例记录很多到最后都演变成了成文法。

盎格鲁–撒克逊时代的大部分成文法皆与赔命价（wer）、赔偿金（bot）、治安金（wite）的定额有关，而且对其加以详尽规定。例如，《阿尔弗烈德法典》现今存有77个条文，其中有34条涉及不法伤害的赔偿额。将该法典第64条作为样本，来表现当时成文法规定的性质：

> 切断他人脚趾之人必须支付被害者如下赔偿金额：大拇指二十五先令，食指十五先令，中指九先令，无名指六

先令，小拇指五先令。

通过这一法条便可获知，当时的立法者以成文法形式详细明确地规定了赔偿的额度，以此将解决争议的标准公之于众，也以此来维持和平，由此不难看出当时立法者要将私力制裁转变为公权的良苦用心。

即便出现了以财物进行杀伤赔偿的事例，但在出现初期赔偿代替复仇却是通过当事人的协商或第三方的调停来进行的，因此属于任意的私约，接不接受赔偿也取决于被害者的亲属。假如亲属对被害者遇害极其愤恨，而且自身也强而有力，便会拒绝仇家的赔偿提议，以武力复仇来慰藉死者的在天之灵。另外，假如仇家十分强大，而被害者遗属的要求又太过分，此时加害者也会撤回赔偿提议而兵戎相见。然而，赔偿可以避免族群发生流血惨剧，能够维持社会治安，这样的好处，哪怕是蛮族也会迅速地察觉到，因此，有一些民族并不认为接受赔偿停止复仇是道义不容的出卖义务的行为，在这样的民族中赔偿的事件就逐渐增多，后发事件遵循先例，久而久之最后就发展成了风俗习惯。到了这个时期，假如提供了适当的赔偿，被害者一方就必须接受该赔偿，只有在加害者不提供赔偿的情况下，才可允许复仇。然而，关于赔偿的金额等问题，当事人双方有时也会无法达成一致。有时是加害者一方恃强凌弱执意不赔偿，或者是根本就不具有赔偿的能力。在上述情况下，族群的僧侣、长老等有权者就会主动出面劝解或调停，有时当事人也会请求他们来进行仲裁，或者起诉至酋长、族会上要求审判。当第三方出面时，除了权威的族会之外，酋长、僧侣、长老等都是受社会成员尊敬和服从的有权者，因此可将他们视为社会的精神机构。因此，这些人可称得上是社会力的代表者，他们的劝告、仲裁、审判等就是社会力对个体力的作用。若当事人不听从劝告、不服从裁决，权力者自然就会支持服从裁决的一方，惩罚违背裁决的另一方。假如加害者拒绝提供赔偿，权力者就会支持被害者，强制要求赔偿；假如加害者依然拒绝赔偿，导致事件又回复到复仇的自力制裁上，权力者自然也会支持被害者一方。

不仅如此，假如有人敢违抗代表社会力的酋长、长老等人的意志，或者无视作为社会力延续之体现的惯例，那么他就不单触怒了权力者，而且会受到尊敬权力者的人们的排斥，甚至受到社会的制裁。终极的社会制裁便是将其逐出该社会。这样的社会终极制裁之后演变为法律的终极制裁——放逐（outlawry），即法权剥夺。所谓的放逐，就是将不服从法律之人置于法律保护之外。最初的时候是一些人违抗酋长、长老的命令，拒不赔偿，当他自己被杀时，他的亲属被禁止为他复仇，或者禁止要求赔偿。发展到后来，便规定他被剥夺了社会的保护。梅因曾说过："针对违抗法院命令的行为进行惩罚的最古老形式，应该就是放逐。不服从法院判决的人也就自己主动脱离了法律。因此当他被害时，他的亲属的复仇义务和复仇权利皆是被禁止的，或者被原始社会的舆论所阻止的。"（Maine, *Early Law and Custom*, ch.VI.）根据布里恩法（Brehon Law）的规定，拒不支付杀人赔偿金的人就由此丧失了名誉价（honour–price）。所谓名誉价，就是当自己被杀时，遗属可从杀人者那里要求获得的赔偿金额，即每个人的生命价。因此剥夺该人的名誉价，就等同于剥夺了他生命的保护，这个人便成为法外人（lawless man, outlaw）。一旦成为法外人，无论何人杀害、伤害、偷窃了该法外人，皆不构成犯罪，自然也就不会产生杀伤、偷盗的赔偿责任。这是原始社会中总是将反抗社会要求之人处死或者流放的社会制裁公权化之后的产物。即便在最发达的法治社会中，对那些钻法律空子来逃避法律制裁之人进行的最后处置，也只能是剥夺他一切的法律保护。因此法权剥夺是最初的制裁也是最后的制裁。

社会发展到以赔偿代替复仇之后，在一开始，赔偿接受与否全凭被害者的意愿。但是，一旦开了赔偿的先河，仇家意欲通过赔偿来逃避复仇的情形就逐渐增多，社会也迅速发现可以通过此举来维持和平。因此，外部的力量逐渐渗透其中，有时是社会权力者出面居中调停，劝说对方接受赔偿；有时是立法者通过避难等方法为仇家提供支付赔偿金的机会。由此造就的结果是，赔偿的最初是当事人的随意赔偿，随后是权力者的劝告赔偿，最后发展为法律设定的强制赔偿。

治安之维持乃是国家存在的基本条件。“政”指的就是政治，“治国平天下乃为政之道”说的便是这个道理。因此，随着社会组织的逐步发达，社会的统治者体会到杜绝私斗之乱乃紧要之事，于是便通过各种方法阻止私斗的发生。特别是在存在家族连带观念的时代，种族的复仇义务与被复仇责任对立，复仇成为种族战争的原因之一。因此，只要复仇不禁止，种族战争便不会停息，战争不停息，国家便无法兴盛。在欧洲，近代国家发达之前的政治组织形式为“feudal system”，我国将其译为“封建制”，但从原文的字义和起源上来看，它就是种族战争制。因此，在近代国家兴盛之前，神圣罗马帝国元首之类的各国统治者为了消除族战的原因，设立了种种方法来遏制复仇私斗。然而，自古重视复仇、将其视为家族义务的观念并不容易消亡，因此统治者也不愿由于突然禁止复仇进而伤害了人民的伦理感情，于是便诱之以利，威之以害，逐步引导民众转而依赖法权。

以赔偿代替复仇，和平解决纠纷，乃是防止私斗的最有成效的对策，是私力公权化的开端。权力者劝告当事人以赔偿来和解，在出现争议时出面居中调停，或是设立仲裁机构，或是制定赔偿额度，这些皆意在劝诱当事人放弃复仇。权力者规定被害者一方未事先请求赔偿便不能进行复仇，或者留下人质作为担保，或是惩罚拒绝接受赔偿之人，这些行为皆旨在发挥威慑作用。

查理曼大帝发布手谕，复仇权利者拒绝接受赎金将会受到流放的处罚。在佛兰德斯，曾经以法律的形式制止由于复仇而引起的种族战争。当行政官或司法官得知要发生复仇战斗之时，他们便会立即赶赴现场，从双方族人中扣押若干人质作为休战讲和的担保，在一定期限内让双方达成赔偿协议，这是当事人的义务。假如族人拒绝赔偿，立法者便会严处人质，屡次拒绝赔偿之人会被处以法权剥夺的刑罚。假如赔偿协议达成，双方和解，而且保证万一再次复仇便会被处以死刑，则在此情形下人质将会得以释放（Warnkoenig, *Flandrische Rechtsgeschichte*, III, S.182）。

第三编

扣押乃民事法之起源

法之起源在于自力制裁向公力制裁的转变。转变是通过个体力的联合集中而来，这个不仅在刑事法上可以解释得通，在民事法上也可以做平行论证。在原始的法律现象中，民刑两法尚未分化，因此民事制裁的原状与刑事制裁的原状不仅拥有相同性质，而且在作用上也并无差异。民事制裁起源于刑法中的复仇，具体为被害者的自力报复。民事中相当于刑事复仇的被害者自力报复就是扣押。在原始社会，当自己受到他人的损害，或者他人不对自己履行相应义务时，受害者就报复性地伤害加害者或者义务懈怠者，有时会抢夺其妻儿或财产以泄愤怒，以此来弥补自己的损失。此为私力制裁的初期，乃自力复仇时期。当聚居观念发展之后，受害者就不再直接伤害加害者或者强制带走该人的妻儿财产，而是将其妻儿或财产扣押作为原义务履行的留置，假如加害者履行原义务，便归还扣押物，如果不履行义务，便剥夺上述扣押物。此为私力制裁的第二阶段，乃强制担保时期。当社会秩序逐步稳定，法律禁止将妻儿当作人质，或是规定扣押的目的物，如仅限于家畜等特殊财产，或是制定扣押方法，如需要当事人预先告知或在场，此为私力制裁第三阶段，乃公力干涉时期。当社会秩序稳定，长幼尊卑有序时，假如加害者认为扣押不当，或者不欲放弃扣押物而请求归还时，便请族里的长老、酋长来进行仲裁，或者向他们申诉不正当扣押的情况，要求归还扣押物。这是私力制裁的终极阶段，乃私力公权化时期。

第一阶段的报复性伤害和抢夺是纯粹的自力制裁，相当于刑事法中的复仇阶段，因此，该制裁仅属于个体力的作用。第二阶段的担保扣押、强制赔偿相当于刑事法中的赔偿阶段，虽然也属于受害者的独立行为，但从另一方面来讲也在等待加害者履行义务，因此物质扣押并非单独孤立的行为，而是以他人的对立行为作为目的。所以，在这个第二阶段，就产生了一个个体力与其他个体力的联合。在第三阶段，强制扣押的限制就相当于刑事法中的复仇限制，在两个个体力联合的基础上，再添加代表部分社会力的酋长、僧侣、预言家的命令或者由社会力形成的风俗习惯，开启了个体力逐渐社会化的绪端。第四阶段的公裁要求，相当于刑事法的刑罚阶段，酋长、僧侣已经成为广受民众尊敬的服从中心，成为社会力机构，当事人向他们申诉，请求他们的仲裁或审核。私力诉诸公力的救济，因此，私力逐渐公权化。因此，扣押的目的，在第一阶段有一项，第二阶段有两项，到了第三阶段和第四阶段就有了三项。第一阶段是个体力为单位的时期，第二阶段是个体力联合的时期，第三阶段是个体力通过联合集中进行社会化的时期，第四阶段是通过社会力机构调整进行公权力化的时期。

爱尔兰的古法典《古制全书》（Senchus Mor）虽然编撰年代已不可考，但它就如同法律岩层中的化石那般，是法律原始样态的遗物，成为最宝贵的史料，这点毋庸置疑。而且这部古法典记载的大部分规定都与扣押相关，由此观之，在当时的爱尔兰，扣押乃是最重要的事项。如今爱尔兰政府出版的《爱尔兰古法》（Ancient Laws of Ireland）第一卷《古制全书》的序言中就记载了扣押（distress）的手续概要。

> 债权者向非酋长的债务者强制要求还债时，在预告之后便可进行扣押。但是，假如该债务者居酋长之位，在预告之后，必须到酋长住所绝食示威。假如债务者在之后一段期限内不进行赔偿，或者不提供担保物，那么债权人便可直接找辩护者、证人等扣押债务者的财产。
>
> 然而在扣押之后，有个延缓期（stay），根据扣押的种类不同，有的扣押品在一定期限内会返还债务者，债权者对该扣押物拥有留置权。这种情况被称为“附期限扣押”

（distress with time）。有些不同种类的扣押品，即便在延缓期内，也不能返还给债务者。这种情况被称为“即时扣押”（immediate distress）。

当债务者在延缓期内不进行赔偿时，债权者再次扣押财物，并将其扣押在公设牲畜栏（pound）内。因为当时动产中最重要的就是家畜，而且扣押家畜又最为方便，因此就将扣押的家畜赶入为收容走失动物而设的牲畜栏内，成为扣押手续的一部分。扣押完物品后，还有一个“宽限期”（delay in pound），在此期间，债权者将扣押物留置在牲畜栏内，等待对方赔偿，假如宽限期过后对方仍不赔偿，就进入了“没收期”。没收期以每天三个“塞德”（sed）[1]的价值进行，一直持续至达到债务额为止。因此，在没收期结束前，只有那些还未被没收的价值可以通过赔偿赎回扣押品。而且，假如扣押品的价格等于债务额时，该债务就通过此次没收加以抵销，假如不足额，则就需要再次扣押物品，如果超额，则必须返还多余的金额。

假如债务人不用家畜作为抵押，而是交出他的孩子作为人质，或者提交其他贵重物品，以此来保证在一定期限

[1] “塞德”并非铸造的货币，仅仅是抽象的价值单位，它约等于五分之三头奶牛，或者是等值的可用商品、动物或任何可流通的财产。——译注

内向法庭起诉并接受审判，那么债权人不可拒绝。

《古制全书》中有关扣押的规定，非常清晰地显示了私力公权化的过程。古代的爱尔兰也像其他原始社会一样，在扣押规定产生前，就已经存在扣押的风俗，族人中有些人拥有针对他人的索赔权，凭一己之力扣押不履行义务之人的所有物，以此强制要求对方履行义务。也许扣押的规定就是鉴于自力制裁的风俗时常导致争斗才应运而生，通过设置延缓期、宽限期、没收期等来限制自力制裁，同时让当事人可以提供相应的担保物来取消扣押，到法院辩论该扣押是否正当。通过这种方式在私力制裁的风俗上加以限制，不仅缓和了强力扣押急遽且专恣的作用，还可在不正当扣押的时候，完全将扣押的私力制裁转移至审判的公力制裁上。特别是针对居族人之首的酋长，在对其进行财物扣押前，自己必须先绝食催债。普通人对于位高权重者是不容易进行私力制裁的，所以必须先显示出由于未获得赔偿自己陷于困难的境地，恭请酋长进行反思。如果不先这么做，则不能进行下一步的扣押。可以说，这是社会秩序极大完善后的特征。由此看来，《古制全书》的规定显示了公权力作用在惯例上的初期状态，这些惯例来自个人自保性以及复仇性的作用。根据梅因的研究，这些规定是布里恩教徒手握听取人民争讼大权后设定的，在此之前就已经存在就扣押相关的争议请求教徒仲裁的惯例。而且，假如当事人不服从教徒的仲裁，便会受到开除教籍的宗教惩罚以及死后无法升入天堂的终极制裁（Maine, *History of Early Institutions*, Lect.X），因此，当时布里恩教徒的权力极为强大，乃是个体力的集中点、社会力的把持者。

罗马法中有五种最古老的程式诉讼，被称为“法定诉讼”（Legis actiones）。其中的“逮捕法定诉讼”（Legis action per manus injectio）以及“财产扣押法定诉讼”（Legis action per pignoris capionem）皆始于公力作用于私力制裁，前者针对不履行义务人的身体，后者针对不履行义务人的财产，始于债权人的自力复仇。

“逮捕法定诉讼”被称为五种法定诉讼中最古老的一种，是通过《十二表法》规定的程式诉讼。该诉讼针对“债务口约”（Nexum）行为中负债之人（nexus）以及被裁判为负担债务之人（jidicatus）。“债务口约”债务人在期满后拖延赔偿三十天以上，或者法庭上承认债务之人以及通过判决确认债务之人不进行赔偿时，债权人上告理由之后，便可以将该债务人逮捕，扭送到法官面前。而且，假如“债务口约”债务人有五名证人来作赔偿或者债权免除的证明，便可获得释放，若无法证明，债权人可直接将其带到自己家中拘押起来。而逮捕传唤被裁判负担债务之人的目的就是获得将该债务者拘押在债权人家中的公许。

然而，在这样的情况下，假如债务人清偿了债务，或在认为该逮捕拘押不当之时而请亲友为其充当被称为保人（Vindex）的证护人（qui in eo vim dicit），那么，他可暂时被释放，此时保人就不再是债务人的代理人或者保证人，而是要以保人自己的名义去起诉，万一败诉，会以不当干涉的罪名受到处罚，罚金为原债务额的两倍。在这种情况下，债务人由于保人的存在而免除拘押，虽然他依然负有偿还的义务，但不会再次被捕。另外，假如债务人不自行还债或者也无亲人来当保人，那么债权人就可以将该债务人拘押在自家住所六十天，给他带上十五磅以下的铁链，每天至少供给一磅的小麦，等待他清偿债务。到了最后一个月，债权人连续三个集市日将债务人带到民会上，高声公布其负债额，等待好心人出来代偿债务。若第三个集市日依然没有代偿人出现，法官就作出授权决定（addictio），将被告本人裁交原告。

根据《十二表法》的规定，当法官作出授权决定后，债权人可以自由处置债务人，处以死刑（capite poenas dabat），或者卖至国外为奴。当有数位债权人时，可分割债务人尸体进行分配。《十二表法》不知出于何种需要，还在此规定后附加了精确的说明："纵未按债额比例切块，也不以诈骗论罪。"

关于《十二表法》这部分规定的解释，学者之间意见不一。

科勒认为，处死债务人，分割尸体等事皆为事实（Kohler, *Das Recht als Kulturerscheinung*, S.17），缪尔海德（Muirhead）则认为，该法的规定指的是债务人成为债权人的自由奴隶，在债权人为数人的情况下，鉴于数人使唤一个奴隶并不方便，于是就将其卖到体贝河以外的外国为奴，一起分配出卖的价金，假如分配不平时，就根据家产分割诉讼（actio familiae erciscundae）来处理，不以诈骗罪论，并不是实际分割尸体（Muirhead, *Historical Introduction to the Private Law of Rome*, Sect.3）。

然而，我本人并不认为上述两者乃是水火不容的观点。科勒的说法无疑是在表达原意，缪尔海德的观点则显示了文明进化后产生的变异。当然，倘若两人的观念真是互不相容，对我的论点其实也没有重大的影响。

虽然现在我们已经不得而知“逮捕法定诉讼”在《十二表法》之前是何种形态，但是在法权未确立的时期，那些相信自己能对他人提出正当要求的人，直接逮捕不履行义务者，敦促其履行义务，可以说是最符合人之常情的强制手段。在财产种类并不多的原始生活形态中，多半无法扣押债务人的所有物，因此只能直接扣押本人作为人质，等待他的亲友来代为偿还，乃是一种不得已的主动救济方法。然而，这种强制方法不仅需要债权人比债务人强大，还由于扣押人质会引起争端，妨碍治安，也促使社会设置种种限制加以干涉：一方面禁止直接冲突，另一方面保护债务人，禁止债权人私自杀害债务人或将其卖为奴隶，允许例如保人这样的第三方参与，禁止残酷的拘押法等。借助于上述手段，公权力渐渐作用于私力制裁之上，最初作为私力制裁的直接强制法出现的债务人逮捕，发展为后来的强制执行法，进而还成为诉讼的原因。

关于“财产扣押法定诉讼”（Legis action per pignoris capionem），学者们一致认为，最初武力扣押财物是私力制裁，为对抗该私力制裁而诉诸公力才产生了该种诉讼（Maine, *History of Early Institutions*, Lect.IX; Jhering, *Geist d.roem.Rechts*, §11; Mommsen, *Roem. Staatsrecht*, I, S.177; Sohm, *Institutionen a.roem.Rechts*, §35; Post, *Gaius*, IV, §§26–29; Bekker, *Actionen*, I）。在罗马古法中，特殊的债权人有权扣押不清偿债务之人的财产。这个被称为财产扣押（pignoris capio）。

在这种情况下，被扣押财物的人可以在一定期限内赎回扣押物，但若在期限内没有赎回，那么期限过后该扣押物的所有权便归债权人所有。根据索姆（Sohm）的论点，当债务人既不还债又不赎回而导致扣押物的所有权归属于债权人的时候，债权人便将该扣押物销毁（pignora caedere）。他认为“理由就在于扣押的第一目的不是满足债权人，而是惩罚顽固的债务人”。假如真是如此，“财产扣押”的起始与复仇异曲同工，是想尽各种手段的直接强制法，但到了后来，扣押的存在催生了私人争斗，可能危及社会治安，于是国家逐渐缩小扣押的范围，最后只针对若干个特殊种类的债权承认扣押，而且规定了在告知对方扣押事宜时，必须采用固定的套语（certa verba）等，由此开启了公权力作用于私力制裁的开端。

在财产扣押情况下，假如被扣押人认为该扣押不当，那么可向行政官（Magistratus）抗诉，当行政官认为该抗诉有理，便让承审员（judex）进行判决。因此，当对扣押有异议时，审判外的自力执行成了诉讼的原因，于是扣押逐渐转化为公力制裁。也就是程式诉讼发源于那些自身没有能力对抗扣押的人去酋长、长老等人面前控诉扣押人的暴行，请求他们的帮助，发展到后来，即便人们具备了要回扣押物的能力，但如此放任他们自行处理的话将可能危害社会治安，由此禁止自行索要扣押物，索要必须向官方申报。禁止自行索要扣押物，便如同复仇中禁止二次复仇一样，而扣押要通过抗诉来进行诉讼，就好比复仇演变成了刑罚。

在中世纪的欧洲，在条顿人（Teuton）的法律“蛮族法”（Leges Barbarorum）中，除了《西哥特法典》（Lex Visigothorum）之外，其余皆以“财产扣押”（pignoratio）作为权利恢复的方法。其中最出名的是《萨利克法典》（Lex Salica）。根据该法典的记载，权利恢复手段首先始于审判外的手续——扣押，中途再发展为诉讼，此为一般通则。根据诉讼的种类不同，如同现今的诉讼一样，有的权利恢复手段从初期开始就是诉讼。然而，法院的判决尚未具备固有的强制力，只有在被告承诺服从判决的时候，法院才能执行。因此，即便上诉至法院，在被告人不明确表达服从判决的意思时，被害人也只能向国王哭诉。然而，在法兰克人入侵罗马帝国后，国王的权势日渐强大，即使被告没有作出服从判决的承诺，也可动用国王的权力来予以执行。换言之，直到这个时候，才开始有了强制执行。如此一来，随着国王权力的强盛，法院的权力也日渐巩固，以前人们随意而行的自力救济也被吸纳至法院，由此导致审判外的扣押也渐趋被禁止，发展为审判上的强制法。

意大利法中的“扣押”（distraint or distress）以及“动产返还之诉”（Action of Replevin），假如真如梅因所说乃是原始救济法的遗物（Maine, *Early History of Institutions*, Lect.IX），那么也是权力转化的一个适当例子。根据英国法的记载，地主由于“地租延滞”（rent arrear）扣押租地人的动产，而且有权利扣留闯入自己所有地内的“为害家畜”（cattle damage feasant）。地主不仅可以扣留上述动产（特别是家畜）作为还债或者赔偿的担保，而且并不负担喂养该家畜的义务。以此，假如租地人或者“为害家畜”的主人想要讨回扣押物的话，要么支付地租或者赔偿金，要么必须提供令扣押者满意的担保品。

然而，假如被扣押者认为该扣押不当，或者扣押者拒绝接受对方提供的担保品，那么郡长被扣押者便可以向国王请愿，请求他向郡长颁布扣押物返还的命令。被扣押者也可以直接向郡长请愿，希望他颁布命令。在这样的情况下，郡长现场检查扣押品，让被扣押者提供担保，保证他在上诉至法院后服从法院判决，然后当场将扣押物返还给他。此诉讼乃是英国法中自古以来最重要的诉讼形式之一的“动产返还之诉”，虽在现今仅适用于“地租延滞”“为害家畜”等情形，但在古代，却在各种不履行义务的行为上广为通用（Blackstone, *Commentaries*, III, ch. I.IX）。

扣押是私力制裁。“动产返还之诉”是公力制裁。为了对抗私力制裁而引发的治安破坏，随着国王权力的发达，国家便接纳弱者的请求来进行干涉，让郡长对私人纷争进行公裁。

从动产返还之诉与近世诉讼具有不同形式这一点上观之，可见动产返还之诉展现了私力公权化过渡时期的面貌。在动产返还之诉中，原、告不是被害者，而是加害者。因此与近世的诉讼相比，原、被告位置相互颠倒，蒙受损害的人先用私力保护自己的权利，而对抗该私力保护的人去请求公力的保护，因此，诉讼开始于权利恢复手段的中途，它的前半段是被害者的自力制裁，后半段是国家的公力制裁。换言之，当时的诉讼开始于现今的控诉，是不服从私力制裁而请求公力保护的方式。发展到后来，国家的权力逐渐发展，最后所有的权利恢复手段都被吸纳进了国家权力之内。

在原始社会，由于他人的侵犯而蒙受财产损失的人，就通过破坏或夺取加害人的财产来进行复仇，以此来泄愤，这与被他人伤害的情况下反击加害人实施报复的行为无异。然而，假如被害者没有破坏对方的财物，而是抢夺，那么加害者要么通过自己的力量重新夺回自己的财产，要么求助于他人的帮助。要想自力夺回财产必须是自己的力量强于掠夺者。当求助他人时，对方也必须有助势之力。因此，他们自然会去向酋长、长老、教徒等拥有社会权力的第三方申诉，希望和平夺回自己的财产。这里的社会有势者便会考虑到，通过双方实力来进行财产返还势必产生争斗，进而危害社会治安，于是便在双方之间进行仲裁。财产的复仇性掠夺一旦涉及社会权力者，掠夺的性质便发生了改变，从扣押变成了担保品抵押，其目的不是夺回此财物来平复怨气并弥补损失，而是成为强制要求对方履行还债或者赔偿义务的手段。而且，社会权力者一旦干涉了属于自力制裁的财物扣押，权利者首先必须设法避免意外冲突，防止由于扣押而引起争斗，便会要求在扣押前进行预先告知，有时需要个见证人，有时必须事先进行“绝食催债”等，以此设置了各种限制。这成为公力加诸自力救济的开端，在此之后，就发展为必须事先获得国王或者法院的许可。

上文中提到，在《萨利克法典》中，扣押作为审判外的私力制裁法为人所承认，但扣押的方法却被设置了种种限制，被害者不仅需要做数次预先告示，而且在扣押前还必须将加害者传唤至法院接受法院的认可。此外在英国法中，克努特国王（King Canute）时代限制扣押，被害者在扣押之前必须在“百人组会议”（The Hundred）请求三次权利恢复，假如到了第三回请求还不被加害者采纳，那么便向郡会（Shire-gemot）起诉，如加害者还不理会，那才可以进行财物扣押。然而，这种扣押乃是通过各种请求的强制法，上文中提到的动产返还之诉就是其中一种，遗留了纯粹的自力制裁的形态。

在古代法中，常见的绝食催债法也是一种民事的私力制裁，开启了民事强制执行的公力制裁之绪端。这种强制还债法可被称为“不要命的静坐讨债”，债权人到债务人住所，一直绝食到获得欠款为止，显示出你不还债我便饿死在你家门口的决心。这种以自己的决心来撼动债务人良心或畏惧之心的请求方式，在印度等亚洲地区十分流行。其中在波斯，绝食催债的基本定式是这样的：催债人要先在债务人的住所门口撒上大麦种，然后才坐在中央进行绝食催债。这个行为就表明了自己催债的决心，要么得到欠款，要么在大麦生长至可食用之前自己绝不进食。在印度，这种强制法被称为“达尔那”（Dharna）。“达尔那”本身有拘留和逮捕的意义，因此该催债法应该被称为“拘留静坐法”。婆罗门教徒在讨要债务的时候，携带毒药、短剑等各类自杀工具，到债务人住所等最适合软禁债务人的场所，开始绝食静坐。婆罗门教徒的这种行为就清楚表明，假如债务人想要出逃或做其他对抗行为，他们便会即刻自杀。在这种情况下被软禁的债务人皆得与债权人共同绝食，这便如同一场绝食竞争，因此债权人都是怀着坚定的决心来催债。而且，婆罗门教徒的生命神圣不可侵犯，直接或间接夺走他们性命的人，都会背负上万劫不复的罪名，因此这种“拘留静坐法”往往能达到讨债的目的。当那些不属于婆罗门级别的民众想通过绝食静坐法向债务人催债时，往往需要求助于习惯苦行的婆罗门僧侣，请他们代替自己去绝食催债（Main, *Early History of Institutions*, 2nd, pp.40, 297–299）。

1793年贝拿勒斯（Benares）成立法院之后，上述原始催债法骤然呈现衰退景象。这是因为出现了超越个人能力的公权力机关，便无须再忍受饥饿和冒着生命危险来进行讨债。然而，由于该催债法因袭已久，虽然总督三番四次下达禁令，都无法让其绝迹，最终在《印度刑法典》第508条中附加了监禁之罚后才彻底禁止了该风俗。

在印度古法《律法释义》（Vyavahara Mayukha）中记载的债务催讨法中说到拘禁债务人的妻儿或家畜，或者不间断地监视债务人住所。这里的监视住所的讨债法，属于等同于“达尔那”的自力强制法。

上文中叙述过的爱尔兰古法典《古制全书》承认扣押和绝食这两种原始的债务履行强制法，但是，绝食只被允许作为财物扣押的警告手段，而且只能是针对上等公民。对下等公民，扣押之前只需预先告知便已足够。而当上等公民为债权人或债务人时，扣押财产之前债权人要向债务人绝食施压，以此来显示自己讨债的决心，如果债务人不还债或者不提供还债的担保，债权人便要饿死在对方家里。假如债务人不还债或不提担保而致使债权人饿死，他在死后将会遭受冥判。《古制全书》中有这么一段原文：

> 下等公民在扣押前需进行预告。但地位显赫之人在扣押或被扣押之前，要先绝食。面对绝食而不提供担保之人是逃避万事之人。抛弃世间万物之人将会受到人或神的报应。

让债权人饿死的债务人不仅会在死后接受冥判，当他被害时，他的遗属也无权接受赎罪金。当时的赎罪金如同现在的生命保险，不仅可以保护遗属，而且每个人又都是保险人，通过这个制度来保障自己的生命安全。因此，遗属无法接受赎罪金，就好比自己失去了生命保险的权利，而且等同于宣告了当自己被害时刑法杀人罪的条款也无法适用。

扣押是与财产相关的私斗。在原始社会，利益被损害的一方要求对方赔偿、或者要求不履行义务的对方履行义务时，就通过暴力掠夺对方的妻儿或财产，大开杀戒或将其变卖为奴，损坏财物或留下自用，这些都是发泄愤怒的行为，因此扣押乃是民事制裁的起源，与复仇是刑法的起源正好对应。由此观之，在法律出现之前，扣押需要债权人乘人不备地对债务人下手，拥有足以威慑对方的强大势力等，才能做到让对方就范，因此，两者间常常发生争斗。蛮族法（Leges Barbarorum）中规定了扣押时债务人抵抗扣押的仪式。例如，《萨利克法典》（Lex Salica）中规定了财产所有者面对扣押时进行抗议的仪式，《鲁普阿利亚法典》（Lex Repuariorum）规定，债务人在面对扣押时要拔剑站在家人跟前。

这些往昔的事实如今都成为仪式遗留了下来，展现了无法律时代的私力制裁形态。随后伴着国家权力的发展，公力开始镇压私斗，被扣押财产的人可以到法院质疑扣押的正当与否，不再需要冒着生命危险即时抗争。然而，当债权人突然扣押债务人财产时，有可能激起财产所有人的愤怒，引发危害治安的行为。有鉴于此，就如同限制复仇来确保和平一样，国家对此设置了种种限制：要求在扣押前需要进行预告，或者需要一个监场人等。在英国法中扣押时无须预告，这与需要预告的法律相比就属于旧法。此外，英国法、伦巴第法（Leges

Langobardorum）以及爱尔兰的古法都是扣押无须法院许可的法律，而蛮族法中的大部分都需要法院的许可，两者相比，只能说它们皆同属于旧法。

随着法院制的完备，私力扣押逐渐失去其必要性，不仅如此，君王或国家还将私力扣押视作蔑视法权的行为。在英国，诺曼征服告捷之后，国权逐步发展，司法机构极大完善，因此亨利三世在五十二年颁布第一号法律《马耳伯勒法》（The Statute of Marlbridge, 52 Hen. III, cap. I），不仅在刑事上禁止私力复仇，同时还严禁未通过审判的扣押，违反者将被罚以重金。此项规定明确展现了民事制裁从个体私力转变为社会公权力的时期。

第四编

刑法进化论

前一位演讲者岩谷君乃研究矿山问题的学者，而本人是排名最末的法律专家，于是乎想着今晚演讲机会难得，应该讲点有趣的主题。几天前我们俩就在一块商量，准备选既新奇又有趣而且不容易让人犯困的话题。于是乎，岩谷君就考虑以“炭坑故事”为题，而本人的题目就是“决斗的法律”。但是事后仔细一想，如果演讲者都如此以新奇博出位的话，那么地质学家估计会讲磐梯山[1]情况，水利专家就分析美浓水害问题，而生理学家大肆谈论解剖现象。一旦演讲者都如此博新奇、追流行的话，那么恐怕会产生一系列骚动，例如要求取消演讲主题广告，劝干事辞职，或者给干事递决斗状等。这样也会给本人造成困扰，于是我决定放弃新鲜有趣的话题，给大家带来古老无趣的主题演讲。那就是“刑法进化论”。

[1] 磐梯山是位于日本福岛县北部、猪苗代湖北方的一座火山。——译注

世间万物在数千万年前出现时绝非如今的面貌。而且天地万物成形的最初都不是我们现今看到的模样。万事万物都在数千万年的时光中，通过自然淘汰和生存竞争的作用，从简单进化到复杂，逐步发生改变，最终形成了今天我们眼前的世界。无论是动物还是植物，甚至是矿物，无一不是遵循着进化原则发展至今。人类也是如此，在天地初开的时候，人并不是现在我们这样的人，而是从低等动物猿猴一步一步进化而来。法律等社会现象也大致如此，绝不是以现今之面貌诞生。法律也同其他动植物一样，经过种种进化和变迁，才最终呈现出如今的模样。今晚这个研讨会的目的就是要尽可能地详解学术原理，因此，我今晚演讲的目的，就是阐明法律等社会制度也同动植物的进化一样，都有进化过程，因此本人就来详细谈谈刑法进化论。

法律的地位非常尊贵，尤其是刑法。当今首屈一指的英国刑法专家斯蒂芬把所有法律都归结于刑法。他说，无论这个人犯的罪是属于民法、商法还是行政法，最后制裁时用的都是刑法，因此他把一切法律都归结为刑法。说到刑法，如今各国都能拿出很了不起的法典，也都有各种很完善的规定。我现在就来讲讲这些刑法都是如何诞生的。为了简单易懂，我将刑法进化分为四个阶段：

第一阶段，复仇时期；

第二阶段，复仇限制时期；

第三阶段，赔偿时期；

第四阶段，刑罚时期。

接下来我就来讲讲刑法如何经历这四个阶段变迁成为如今的刑法。

第一阶段　复仇时期

刚才提到的斯蒂芬曾说过："报复情感之于刑法与性欲之于婚姻具有同样重要的关系。"如今的婚姻法确实十分完备，对夫妻间的相互关系规定得十分详细，例如一夫一妻制、控制离婚率等。但是，如果要探究其法律依据的基础，就是男女之间的性欲。复仇也是一样，今日的刑法，就来源于人们复仇观念的蔓延，在此基础上逐渐确立各种规定而最终形成。即刑法是复仇进化的产物。究其原因，那就像有名的达尔文所说的，复仇就是人们以牙还牙的情感，这种情感不仅人类有，低等动物也拥有与人类相同的想法，因此它们受到其他动物的攻击时必会发怒。不仅会发怒，而且会想着要一报还一报。

这种复仇的念头在现今文明社会中会被视为遭受唾弃的想法，但这其实是动物保全自身的性情，即动物自卫的禀性。假如低等动物受到其他动物攻击却没有反抗的意思，那么便会立即被对方轻视，最终甚至丧命。人类也是如此，在野蛮时代，不去加害他人、侵犯别族皆是因为忌惮对方的复仇。若原始人无复仇的念头，便会立刻被其他部落消灭。实际上，复仇很重要，假如没有复仇的念头，原始社会基本不会形成。因此，在未开化的社会，复仇被视为无上的美德。

我在幼年看《猴蟹大战》的童话或者《曾我物语》等大大小小发生在我国的野史小说，十有八九都是关于复仇的故事，故事的主人公就是报仇之人。戏剧也是如此，《忠臣藏》《彦山权现》《伊贺越》《天下茶屋》《龟山仇讨》《金比罗利生记》《白石噺》等，百分之九十九的戏剧都是复仇题材。此外，义士传、孝子传、列女传等也多涉及复仇。我国就是如此推崇复仇。不仅是我国，邻邦中国《礼记》中记载："父之仇弗与共戴天；兄弟之仇，不反兵；交游之仇，不同国。"与仇敌同活世上为礼所不容，因此必须复仇。古书中也说道："复仇乃天下之公道、古今之通义。"除了中国，朝鲜也是如此。在澳大利亚等国，如果有人被杀而其子不去复仇，那么他将遭受到朋友绝交、妻子离婚、亲戚断绝关系的情况，甚至公众也唾弃他，实际上他已经不配做人。无论是哪个国家，在野蛮时代推崇复仇都是因为复仇是自卫的天性。在当时将复仇作为美德的事情成千上万。

在古代中国，即便文明与法制都进步了之后，还依然推崇复仇。在武则天时代，一个叫徐元庆的人为父报仇，围绕这个复仇事件，人家争论此行为是否可赦，于是，就发生了著名的陈子昂与柳宗元之争。陈子昂主张诛之以正国法，然后旌其闾墓，以褒其孝义；而柳宗元则反驳，礼与刑基础各异，元庆为守礼之人，不当诛。虽然两人的主张各异，但两人都认同复仇为美德。在法律尚未出现的时代，复仇确实起到非常出色的效果，但一旦法律代替个人来复仇，对加害者施加刑罚，那么复仇就失去了存在的必要。由于上述学者并不了解其中道理，因此在法律出现之后依然过度推崇复仇，湛若水曾说过："复仇之礼何也。圣人所以伸人之情，笃恩义而厚人伦也。"至秦汉时期，法律已初具规模，复仇已被禁止，但那些不知社会进化大势而醉心于先王经典的学者们都在反对禁止复仇。马晞孟说过："汉之时，孝子见仇而不敢复，则法失太严，而孝弟之情无所伸矣。"

假如人类还是低等动物，四肢着地爬行，为了驱逐背上成群的蜜蜂或牛虻，必然需要尾巴。当能够直立行走后，便可以用手去挠后背，那么尾巴自然就成了无用之物。复仇观念便好比是动物的尾巴，当社会能为我们驱逐蜂蝇、解决瘙痒，那么复仇便不再被需要。认为以往都有尾巴，如今也必须保留，这其实是很迂腐的看法。与上述学者的看法相反，王安石则认为复仇乃乱世之道，《春秋》《周礼》等记载的复仇皆为乱世之事，当无处向诸侯有司申诉时，复仇相当必要，但到了和平昌盛之世，既然可以向有司申告，纵容复仇便不再是治世之道。

可以说，此种论断着实是至理名言。后来的汉学家看了王安石的主张后评论为“不通之论也”。本人倒没看出何处不通。在野蛮蒙昧的社会里推崇复仇，大致如此。此为第一阶段的复仇时期。

第二阶段　复仇限制时期

随着社会的构造越发坚固，人们开始觉得复仇的习俗会危害社会。这是因为如果存在复仇的习俗，一国之内自然争斗不止，当一个族群和另一族群竞争时，假如其中一族起内乱，整个族群的团结便会受到破坏，就好比物体内部的分子移动会造成物体破碎一样。当出现兄弟阋墙之事时，终究无法与其他族群进行生存竞争。因此出于生存竞争的必要，自古被称颂为美德的复仇必会受到限制。究竟用何种方法来限制复仇，总结为以下三种。

第一，缩小复仇范围。在过去，被害人的全家皆有复仇义务，同时加害人的家人也全部负有被复仇的责任。于是被害人的家人与加害人的家人开始家族开战（被称作“族战”）。这在中国存有证据，诚如“父之仇弗与共戴天；兄弟之仇，不反兵；交游之仇，不同国”所言，连朋友遇害也得为其复仇。中国的古书中记载，服丧期的亲戚都有复仇义务，但到了后世，复仇者和被复仇者的范围逐渐缩小。巴西的印第安人只要与被害者有血缘关系都要替其报仇。稍微进步些的非洲博戈苏人规定七等亲之内皆有复仇义务。威尔士的古书中记载八等亲之内有复仇义务，阿拉伯国家则要求是五等亲之内。如上文所述，最初是所有亲属皆有复仇义务，随后范围逐渐缩小，演变为血缘较近的亲属，最后终于定型为只有近亲才能复仇。例如，俄国古法典——雅罗斯拉夫一世主持编纂的《罗斯法典》第1条规定："如果某人杀害了他人，被害人的兄弟可以为他复仇；子可以为其父；父也可以为其子；或者是侄子为其伯叔；外甥为其舅父，向凶手复仇。"随后复仇的范围进一步缩小，基本上只限于亲子间。在我国，复仇也同样只限制在亲子间。复仇义务的范围从全族逐渐局限为最近亲，由此可见，社会进步必然会使复仇的范围缩小。被复仇的那方也是如此，最初所有族人均是复仇对象，最后便只限于加害者一人。例如，达尼洛一世（Prince Danilo I Petrović-NjegoŠ）颁布的法典《门的内哥罗王国普通邦法》（Zakonik Danila Prvog）第39条规定："复仇只能针对凶犯，不得波及凶犯亲属。"这样一来复仇者和被复仇者的范围不断缩小，人数也在相应减少。

第二，复仇需要得到公许。最早的时候任何人都可以恣意复仇，但随着社会秩序的建立，复仇虽说还可进行，但政府为了逐渐取缔复仇，便制定了复仇前先报官获取许可的规定。这是第二个限制法。在中国《周礼·秋官·朝士》中有“凡报仇者，书于士，杀之无罪”的记载，若不先报官而报仇者，便以擅杀之罪治之。在我国也是需要先上报官府，然后在规定的场所调查完毕之后才能复仇。而且在封建时代，为人臣子者，身体不属于自己，不可擅自做出危及自身的事情，因此也规定必须得到君主的许可才能进行私斗复仇。日耳曼的古法典中记载，复仇前必须先取得法院的许可。其中还规定，假如没有证据可以证明当时仓促遇敌没有报官的时间或无法对仇敌视而不见，即便复仇，也以杀人罪论之。总之，第二个办法就是规定在复仇前必须报官，以免危害国家秩序。

第三，设立避难地。这在摩西的法典中出现过，杀人者一旦躲入逃城，复仇者便无法复仇。换言之，复仇者可以一路追杀仇敌，但当仇敌一旦进入逃城，复仇者便无能为力了。在英国阿尔弗烈德大帝的法典中就将教堂视为避难地，在教堂以及前往教堂的途中禁止复仇。中国虽然没有避难地，但是有被复仇者必须远逃外乡的规定：“父之仇辟诸海外，兄弟之仇辟诸千里之外，从父兄弟之仇不同国。……不同国，令勿仇，仇之则死。”假如复仇者杀了已经依法躲避的仇敌，那么将以擅杀罪名治罪。盎格鲁－撒克逊人的习俗也大致相同，杀人者必须被驱逐流放，即便对方想要复仇，也得到异乡进行。因此第三个方法就是设立避难地来限制复仇。

第二阶段限制复仇的方法有三种，一是缩小复仇者和被复仇者的范围，二是必须获得公许，三是设立避难地。随着社会的进步，人们逐渐意识到复仇的危害，开始想出各类方法来限制复仇。然而尊崇复仇的感情在民众的心中根深蒂固，无法轻易根除，立法者根本无法用一则法条来禁止复仇。打开废除复仇积习缺口的，就是第三阶段——赔偿时期。

第三阶段　赔偿时期

在这个时期，复仇基本绝迹，赔偿完全替代了复仇。赔偿开始替代复仇起源于货币制度，随着货币的诞生以及广泛通用，复仇习俗逐渐退出历史舞台。

经济学者会说“货币是贸易的媒介”，而法律学者更适合说“货币是和平的媒介”。从前，当罪名不是特别严重时，可以用家畜、奴隶甚至是族中妇女来赔偿谢罪。然而，这些习惯并未完全替代复仇。随着货币的出现与流通，人们便不再使用武器、家畜、奴隶、妇女等来赎罪，而是直接使用货币。因为货币的赔偿极其方便，所以最后赔偿制度逐渐风行，复仇习俗渐渐失去势力。但在赔偿完全替代复仇之前，经历过三段沿革。

第一段的特征是被害者可自由选择是否接受赔偿，加害者无法强制被害者收下货币赔偿。到了第二段时期，法律看到了赔偿的好处，于是规定被害者有义务接受赔偿，不得拒绝。最后一段变革就是法律规定了赔偿的额度。上述三段沿革皆有证据存在，赔偿风俗至今依然在一些蛮族中流行。例如，居住在苏门答腊岛的土著人就允许一切犯罪皆以货币来赔偿，无论是杀人还是抢劫。卡尔梅克人至今都使用货币赔偿，除此之外没有其他刑罚。爱尔兰、德国、法国的古法典，俄罗斯的《卡西米尔大帝法典》，北欧法律以及中国、印度、非洲的法律都曾经允许过一切犯罪皆以货币来进行赔偿。

此外，阿拉伯国家也存在复仇演变为赔偿的证据。穆罕默德的《古兰经》中有一篇名为《牝牛》的文章："众归信的人哪！已对你们规定了给被杀的人抵偿；良人以良人，奴隶以奴隶，女子以女子。但是其弟兄的一事经过赦免的人，可从定例，并欣然交付给他。这是出自养主的减轻和慈惠。在这以后过当的人，应遭痛刑。"《古兰经》的注释中也写道伊斯兰国家皆遵照此篇行事，特别在波斯，直到近代也依然是被害者亲属在货币赔偿和复仇二者中择选其一。

那么，随着货币代替复仇的习俗逐渐盛行，国家的立法者从中看到赔偿的好处，遂将赔偿法作为废除复仇的手段。最初赔偿代替复仇只是被害者与加害者之间的私约，之后发展为也被法律所承认。例如，阿尔弗烈德大帝编纂的法典第42条中规定，不先要求赔偿就进行复仇的人将被处以严刑。于是被害者的亲属必须先向加害者申明，你杀害了我至亲，必须得支付我几百元的赔偿金，否则我就要报仇。赔偿成了第一救济法，复仇则退居第二。这样的法律实在比比皆是，不胜枚举。

随后有关赔偿的法律越来越完善，最后连赔偿的金额皆通过法条进行规定。鼎鼎有名的盎格鲁–撒克逊人有关“赔命价”的规定便是此类法条：高级贵族的生命值一千二百先令，次一等的为六百先令，到伯爵这一级就只有两百先令。上述这些例子皆是有关生命价的，其他还有一些连五官四肢都详细定价的法规，例如学者的鼻子赔多少钱，铁匠的右手赔多少，捣米人的脚赔多少。不仅如此，甚至连头发、指甲、胡须等细处也都规定出赔偿金额。古代的英国和日本一样，以蓄髯为美，因此胡须的赔偿金极高。打折了腿赔偿12先令，破坏了胡子赔偿23先令，打断门牙赔偿6先令，而打折肋骨只赔偿3先令。肋骨的赔偿如此低价，而胡子相比之下行情真是好太多了。

法律给身体各部位都定了价，一旦杀人就必须按定价来赔偿。此时是赔偿时期的巅峰。最初，赔偿金额与是否接受赔偿，都由当事人双方来商定。接着法律规定被害者亲属有接受赔偿的义务，最后就演变为法律将赔偿明码标价。然而，随着民众道义思考的进步，他们越发对一切犯罪均可用赔偿来赎罪的做法感到不满。于是社会的进步带来了赔偿的区分，将罪名分为可赔偿和不可赔偿两种。一些滔天大罪，例如谋反、弑君、战场上临阵退缩、亵渎神灵等罪，皆为不可饶恕之罪，不可赔偿了事。除此之外的一些过失罪、造成损失较少的罪，用赔偿来弥补也可。由此便产生了不可赎之罪和可赎之罪，开启了刑罚代替赔偿的绪端。然而，上文中也提到，不可赎之罪是指针对君主、神灵以及触犯军纪等的罪名，偷盗、抢劫、放火、强奸、谋杀等都可被归类到可赎之罪中。

既然罪名有可赎与不可赎之分，那么赎金也随之有所区分。例如，威尔士的古法里规定，赎金分为两类，一类被称为"galanas"，是支付给被害者亲属的赔偿金；另一类被称为"sarhad"，是支付给国王的赔偿金。例如，过失杀人者只需支付前项，而谋杀犯则两项皆需支付。支付给君王赔偿金是因为给君王增添了麻烦，所以赔偿金必须有一部分支付给君王。这是刑罚权转移至君王的初始。支付给被害者或其亲属的赔偿才算是真正的赎金，而支付给君王的金额其实是危害治安的罚金。盎格鲁-撒克逊人也同样对赔偿金进行区分，分别称为"wite"和"bot"，"bot"是支付给被害者的赔偿金，而"wite"则支付给君王。

综上所述，犯罪有可赎与不可赎之分，赎金也有支付给被害者和支付给君王的区分，由此产生了民事私犯和刑事公犯的区别，赔偿金有所改变，拥有了真正罚金的性质。这是发展为第四个阶段的开端。

第四阶段　刑罚时期

在原始社会，数个部落斗争的结果就是有雄略的酋长带领部落征服并兼并了其他部落，最终建立起一个国家。于是，开始了国与国之间的竞争，逐渐产生出巩固国家团结的必要性。因此，对外当有外敌侵犯时，便动用海陆两军进行防御，对内当有人破坏治安时，便以法律进行惩罚。如此一来，一方面产生了与他国外交的关系，巩固国家安宁稳定的必要性也随之增加；另一方面，一国之君的威势增长，犯罪不仅仅是对被害者的侵害，也是对国家以及君主的侵犯。随着这种想法的发展，国家是犯罪的被害者之事实越发明朗，之前都是被害者一人接受赔偿，如今国家站在被害者的位置上对罪犯进行刑罚。这个发展的顺序如下：第一段是区分可赎之罪和不可赎之罪，第二段是禁止赔偿，第三段是刑罚替代了赔偿。

我在一开始就从复仇讲起，从复仇演变为赔偿，再由赔偿发展到刑罚。因此现在再阐述一下复仇和刑罚之间的关系。

复仇无法长久实施。首先，因为复仇者必须比仇敌强大才能最终报仇雪根。假如敌强我弱，即便与仇敌狭路相逢，也难以获胜。我在前文中也提到，从前的复仇是整个家族皆负有此义务，依靠人多力量大来报仇。然而，复仇义务者的范围逐渐缩小，最后只局限在亲子间，子辈若是势单力薄便无法复仇。因此，当自己无力复仇时，自然就会想到向君主申诉仇敌的罪行。于是赔偿开始的同时也产生了向君主告御状来代替复仇的风俗。其次，酋长或君主为了部落或者国家的团结稳定而禁止复仇，他们拥有足够的权力来惩罚加害者以达到禁止复仇的目的。鉴于上述情况，赔偿的范围逐渐缩小，复仇者的范围也缩小，而君主实施刑罚的权力增强，最后演变为君主代替被害者以刑罚的形式来复仇。

如上文所述，随着君主实施刑法权力的发达，赔偿范围越来越小，最终被完全禁止。例如，日耳曼古法中记载，杀人者的亲属不得代替杀人者进行赔偿，违反者处以重刑。门的内哥罗的达尼洛一世颁布的法典中也规定“杀人者不得赎罪，应被直接处死”。此外，摩西的法律也禁止以赔偿来抵赎谋杀罪。复仇与赔偿的范围都在逐渐缩小，必须有个替代它们的事物。于是，便产生了法院。法院在最初也并非现在我们看到的这个样子，它只是为了方便人民而设立的，根据被害者个人意愿，有的向法院提出诉讼，有的则自行复仇，完全由人民自己来决定。

然而即便法院出现了，复仇的习俗依然还在局部地区存在。例如，在印第安人的一些部落里，法院不过是判有罪或无罪，判决结束，被害者的亲属就按照判决结果或是将加害者变卖为奴，或是千刀万剐，随意处置。这是因为法院只是稍微介入了遗属复仇的风俗中，仅作出判决，之后便由遗属来加以执行。也就是法令介于复仇与刑罚之间。在波利尼西亚，当加害者被判有罪时，便会被绑住手脚，然后手脚被捆到一根带刺的木棒上，像抬牲畜那样被抬到被害者住所前，进行犯人移交仪式，之后将其带到刑场。这也是复仇习俗在法律执行上的残留。

此外一些国家的法律将遗属作为行刑者。根据马来族的法律记载，被害者假如有外甥，便由外甥来执行死刑，处死犯人。俄罗斯的古法也是同样将谋杀犯移交给被害者的遗属，由他们随意处置。除此之外，在波斯、埃塞俄比亚、俾路支斯坦等亚洲、非洲国家都曾制定让遗属成为刑罚执行者的法律。这也算是古老的复仇制度在法律中遗留下的痕迹。

为何法院在宣告刑罚之后还将犯罪人交由被害者遗属？而且为何规定遗属作为刑罚的执行者？我个人认为，假如不多多少少地满足人民复仇的念头，那么人民便不会依赖法院，更不会产生法律的裁判权。假如法院不为人们复仇，那么被害者便不去法院起诉，而是自己复仇。要想扩张法权，首先就必须让人民依赖它，这是古今内外相通的道理。此外，在古代，任何一个国家都执行反坐法。理由也如同上文所述，就是要尽可能地让人民停止自力复仇，慢慢引导他们接受法律。在摩西的法律中有这么一条："以眼还眼，以牙还牙，以命还命。"这就是所谓的反坐法，不这样做的话，人民便不会满意。人们不会依赖无法让人满意的法律。因此，任何国家在古代皆执行反坐法。你给我一拳，我就给你一掌，这对老百姓来说是寻常人情。特别是蛮族，他们的复仇感情十分强烈。于是法律便代替人民复仇，将被害者遭受的损害同样加诸加害者身上。

为了让无知人民明白犯罪和刑罚的关系，反坐法是个相当合适的刑罚法。对纵火者执行火刑，再蒙昧的人都能从中看出犯罪和刑罚的关系，并且引以为戒。在日本，也有纵火便处以火刑的法律。八百屋阿七[1]放火烧毁自家房屋被处火刑讲的就是反坐法。此外，反坐法也可让无知人民了解法律是公平的。如果刑罚不公，那么人们便不尊重法律，也就不依赖法院。将受害者遭受的损害加诸加害者身上，对无知民众来说是再公平不过的事情。

反坐法在原始社会是很有益处的刑法，因此，一些国家非

[1] 八百屋阿七，乃是井原西鹤的《好色五人女》等作品中的主人公。因纵火被处以火刑，年仅十七岁。——译注

常重视反坐法，甚至达到了骇人的地步。例如，在托赫诺的人类学著作中就出现过“埃塞俄比亚之法”。在埃塞俄比亚，有个妇女育有两子，其中一个孩子在树下玩耍，邻居家的孩子爬到树上摘果子，结果跌了下来，砸死了那个在树下玩耍的孩子。于是孩子母亲就到法院起诉，法院判决如下：“让该妇人的另一个孩子爬到树上，然后跳下来砸死邻居的孩子。”想来孩子母亲听了判决后就会撤回起诉。在非洲的一个名为Syanchi[1]的地方，法律规定妻子要是偷听了丈夫的秘密，要被割去耳朵，万一泄露了丈夫的秘密，就要切掉上唇。在几内亚，反坐法甚至涉及了通奸罪，假如有个人的老婆和别人通奸，那么丈夫作为被害者就去和通奸者的老婆通奸。反坐法至此已经发展到十分荒谬的地步。

我在此要讲讲古代刑法为何如此严酷的原因。可以说，这是源自社会的必要，法律必须充分满足国民。因此国民开化的

[1] 此上原文为“シャンチー”（1931年版本与1982年版本皆是如此），在翻译本书的过程中，为明晰该地名究竟所指何处，译者曾多次通过电邮向中日两国数十位精研西法史的学者请教，但最终皆无功而返。百般无奈之下，只得先将其对应的罗马字标出。同时，虑及此表达所处之语境，我们大体推测它应为一个非洲的地名。鉴于原书是后人基于对穗积陈重先生未完著作甚至草稿的补充与整理而成，我们冒昧揣测，之所以出现此等问题，或因他生前未及或无法充分查证所引资料而产生的记忆偏差，或因偶尔的手民误植而在不经意间为之。然无论何等原因，它的存在或许注定会成为中译本的一个最大的遗憾。——译注

程度不同自然也导致刑罚的轻重区分。看看原始野蛮社会中的刑法，古人绞尽脑汁发明刑罚就好比现代人发明机器一样。在罗马刑法中，“parricide”就是杀了父母或近亲的人，对杀近亲者的刑罚就是将他缝入布袋中，同时放入狗、鸡、猴和蛇，然后丢入大海中。在布袋里狗会咬、鸡会啄、猴会挠、蛇会缠，实在是令人无法忍受的刑罚。其他一些不开化的国度中的酷刑，别说看，光讲讲就会让人毛骨悚然。

为何刑罚必须那么残酷？因为刑罚要是不够严酷的话，被害者便不会满意，也就不会放弃自力复仇而去依赖法律。罗马法就是一个很好的例子。罗马法区分现行盗窃和非现行盗窃，盗贼被当场抓住就叫现行盗窃，之后被抓住就是非现行盗窃，即便同一个盗贼，处罚也有轻重之分。现行盗窃重，非现行盗窃轻。因为如果不重重惩罚被当场抓到的盗贼的话，被害者会在盛怒之下自行处罚。但是，时间一久，被害者的愤怒也会消减，因此即便法律没有重罚，被害者也不会自己去处罚盗贼，而是交由法院处理，也就不需要重罚。从上述例子就可看出，刑罚必须贴近当时人们的感情，如果从野蛮时代开始就像我们现今这样轻度惩罚，那么司法权无论如何也无法发展。

简单回顾一下，最早复仇习俗盛行，之后复仇被限制，出现了赔偿，而赔偿在随后也被限制，法院的建立使得被害者可以选择是否向法院起诉，直到赔偿制被废除，被害者向法院起诉成为必做之事。然而，像近代欧洲流行决斗那样，当人们不满足于法院的制裁时，法律便无法执行，因此，在野蛮时代，为了引导人民过上有法可依的生活，或是在刑罚中采用反坐法，或是让遗属担当刑罚的执行者，或者是制定严酷的刑罚，尽力让人民能够依赖刑罚。

从上述文字可以看出，刑罚从单纯的复仇开始经历各类变迁，最终才形成现今的形式。因此可见，法律也没有违背进化的大原则，从简单进化到复杂，组织结构也逐渐完备。

在本次关于刑法进化的演讲即将结束之际，我想再多说几句。刑法为什么会出现在我们的社会中，这是因为刑法是为了辅助社会的进化而存在，即它是社会生存竞争的一个作用。但凡危及一国根基的，要么是从外部攻击，要么是从内部瓦解。外部侵害可以通过海陆军进行防御，而内部攻击则通过法律，特别是刑法进行干预。因此在国家与罪犯之间的生存竞争中，国家用刑法来惩治罪犯以保证自我生存。可以说刑法是国家的利器。这与低等动物用爪子或牙齿等利器来自我保护一样，国家有了刑法后才得以从内部防御危及国之根本的人。因此，我认为法律自身也在进化，并且对社会进化起到辅助的作用。

解说

杉山晴康

一、本书的起源

关于穗积陈重的生平，福岛正夫博士在岩波文库出版的《法窗夜话》《续法窗夜话》的“解说”中已作了详细介绍，因此我认为在此文中无须累述。然而，穗积陈重乃是我国活跃于明治到大正年间的伟大的法学家，且著作等身，大多堪为那个时期的经典。

令人万分遗憾的是，穗积陈重于1926年（大正十五年）春天突然离世，他的遗稿由其子穗积重远亲自整理，于1927年（昭和二年）出版《法律进化论》（第三册），之后至1931年（昭和六年）的四年间又出版了四册《法律进化论丛书》。本书《复仇与法律》作为《法律进化论丛书》第四册于1931年（昭和六年）出版，内容涉及“神权学与民约法”“祭祀、礼教与法律”“习俗与法律”。

穗积重远为《复仇与法律》写了一篇缅怀先父的前序，根据序言所言，本书共收录了四篇论文，第一篇是《私力公权化在法之起源中的作用》，这些文字是根据穗积陈重于1916年（大正五年）11月8日在东京律师会上的演讲笔记和刊登在《日本律师协会记事》第213号上平松市藏的演讲记录编辑而成。第二篇是未定稿的《复仇与法律》，该篇原计划要编入《法律进化论》第一部《法源论》的《原力论》中。接下来是《扣押乃民事法之起源》，该篇也同样是预想编入《法律进化论》之中，穗积陈重已在1911年（明治四十四年）夏天完成初校。最后一篇是《刑法进化论》，这篇论文作为附录收录本书，它是穗积陈重于1888年（明治二十一年）在大学通俗讲谈会上的演讲稿，上面保留了其亲笔写下的朱批。

以上的四篇论文以及演讲稿被收录在同一主题下，它们皆为关于"法"的"进化论"，穗积陈重在《私力公权化在法之起源中的作用》中这样写道：

> 但凡人类的进步、文化的发展，甚至是万物的存在、进化，皆为个体与总体的协调，即有机的融合。若论人，就是个人与社会的协调一致；若论力，则是个体力与社会力——私力与公权力——的协调一致。

若是将这段话转化为与法相关的话语，那么他想表达的是："法是个人之力被同化为社会力的产物，即个体力社会化、私力公权化的产物。"穗积陈重长年致力于研究，意欲对照法律进化理论明确私力公权化的原则，其中"最显著的例证"便是"民事法中的扣押"与"刑事法中的复仇"。

本书在扣押方面收录了《扣押乃民事法之起源》一文。在复仇方面则收录较多，有主论文《复仇与法律》《刑法进化论》《私力公权化在法之起源中的作用》。第二章[1]以后的内容皆涉及复仇，因此，上述文章皆可视为对复仇的阐述。基于此原因，这些与复仇相关的论文以及演讲稿虽然在复仇内容上着力有轻重之分，但始终是在同一主题同一设想的构架内进行内容扩充。然而非常遗憾，两篇主论文都未最终完稿，穗积重远在序言中也提到，文中存在若干未整理到位或者文字不够成熟的部分，但是上文中也说明了，在穗积陈重的计划中，这两篇论文在将来会被编入《法律进化论》一书中。

穗积陈重认为"法律进化"属于"法律动力学"（Legal dynamics），"观察法现象之动势而论述其变迁之理法"，"目的在依法现象之时间的观察，以明法律之发生与发展之理法"（《法律进化论》第一册第二页、第三页）。其将"法律进化

[1] 此处是针对日文原著的目录而言，与中译本有所不同。——译注

论”分为“法源论”和“法势论”两大部分，“法源论”论究法现象发生之状态，“法势论”论究法现象变迁之法理。前者的法律现象发生论又被细分为“原形论”“原质论”“原力论”。

原形论：论究法律以如何之形态而发生者，目的在明了法之统制力，以如何之形态，始入于吾人之认识。

原质论：论究何等种类统制力为法律之元质，目的在明了何种统制力表现为法规。

原力论：论究法律之统制力如何而后发生，目的在明了法律之元质之统制力，因如何之过程，而成为公权力（《法律进化论》第一册第八页）。

穗积陈重计划将上述的“法律进化论”以六卷十二册的巨著形式问世，遗憾的是在他生前出版的只有《法源论》中的《原形论》前后篇两册，第三册虽已开始执笔，无奈中途病倒，即便在病床上，依然念念不忘为第三册整理原稿，就在完稿在即之时，他突然逝世。穗积陈重去世不久，其子穗积重远等人就整理出版了第三册，可是彼时的第三册只收录了《原质论》的前篇，《法律进化论》只能以残篇问世，内容仅仅是穗积陈重原先构想的前段的一部分而已。

二、穗积陈重与《法律进化论》

本书的主论文《复仇与法律》并非完稿，也未标注总结性的标题，但是我在上文中也提到，穗积重远推测，父亲计划将完稿纳入《法律进化论》第一部《法源论》的《原力论》中，采用《复仇与法律》来命名也是遵从穗积陈重之意。本书的序言中穗积重远曾提到，关于《扣押乃民事法之起源》这篇论文，父亲在草稿中题为《个体力集中、私力公权化、扣押乃民事法之起源》，应该也是计划将其纳入“法律进化论”这个大体系中。

如上所述，本书收录的主论文原计划皆要纳入“法律进化论”整个体系中，在介绍这些主论文之前，有必要先研究一下《法律进化论》。然而，关于这一点，福岛正夫博士已在上文提到的《法窗夜话》和《续法窗夜话》的“解说”中作了详细介绍，因此我也无须在前辈精湛的“解说”基础上添加只言片语，只就本书相关的部分问题参照前辈的“解说”等文献进行浅显分析。

1876年（明治九年）至1881年（明治十四年）的六年间，穗积陈重作为留学研究人员在英国、德国等地学习，度过了他二十一岁至二十六岁的时光。年仅二十一岁的他第一次踏上英国的土地，最先接触到的便是当时风靡全球思想界的达尔文的进化论。青年穗积陈重从十几岁开始就亲眼见证了明治维新下文化开明的日新月异，万事万物新旧更替，不难想象，有上述经历的他在刚接触进化论之时便可能深受触动。当年刻骨铭心的感触跟随了他一生，甚至成为他法学理论的基本精髓。穗积陈重经常在著作中引用比较法史学学者亨利·梅因（1822—1888年）的言论。此人在著作《古代法》中指出，近代社会的人们在自由意志下与他人在法律上产生联系，构建社会生活关系，然而古代的人们被家族或者奴隶身份紧紧束缚，自由被极大限制。但随着人类文明的发展，人们逐渐获得自由，因此自由与秩序便从罗马社会的形式进化至近代社会的样态。《古代法》第五章中有个很出名的言论——“从身份到契约”（from status to contract），由此可见梅因也是受达尔文进化论影响的学者之一。除了梅因，功利主义哲学的创立者杰里米·边沁（1748—1832年）、分析法学的约翰·奥斯丁（1790—1859年）、历史法学的卡尔·冯·萨维尼（1779—1861年）等人的著作都对同样立志研究比较法史学的青年穗积陈重产生了巨大影响，福岛正夫博士在他的文章中也有同样论述。据说穗积陈重在明治十年曾向朋友们袒露心声：“我将穷毕生之精力来探究法律进化之原理。”（《法窗夜话》岩波文库版，第二百九十九页）从他的话语中可以看出他在英国与达尔文、梅因等学者的思想接触对他的影响之大。

三、穗积陈重与刑事法

在我们现在能看到的穗积陈重的研究成果中，刑事法相关的著作和论文在数量上比民事法等领域少，但是并不能因此说其在刑事法上没有研究。

穗积陈重的门徒之一小河滋次郎在当时国际上被赞誉为日本监狱学第一人，穗积陈重在生前曾说过以下一番话：

> 我在英国留学时读了边沁的名著《圆形监狱》，深切感受到监狱改良的必要，之后到德国留学，看到德国的监狱管理已经成为一门专业学科，因此热切希望我国能有人率先研修监狱学、从事监狱改良工作。(《穗积陈重遗文集》第四册，第四百五十四页)。

穗积陈重在《监狱学大纲》中提到，他在英国受到边沁著作的影响，到了德国后便时常去监狱视察，反复思考监狱制度，回国后，他就在东京大学法学部开设了关于监狱学的课外讲堂。这些内容作为《监狱学大纲》刊登在《明法志林》第二十六号、第二十八号上（明治十五年四月、五月）（在他去世后，《监狱学大纲》被收录在《穗积陈重遗文集》第一册一百四十二页以下）。

当时监狱行政管理仍由内务省掌管，因此穗积陈重受内务省委托，为刑务官们作了八次讲座。那些讲座笔记由印南於菟吉整理、穗积陈重校阅后于1891年（明治二十四年）以《刑法理论讲义》为书名问世。这本《刑法理论讲义》名字虽然叫刑法，其实内容都是关于刑罚论的。除此之外，《论刑罚权》（收录于1883年［明治十六年］《明法志林》第六十四号、《穗积陈重遗文集》第一册一百九十七页以下），《出狱囚徒救助论》（收录于明治十七年《法学协会杂志》第七号、《穗积陈重遗文集》第一册三百一十二页以下），《欧洲诸国的死刑》（收录于1886年［明治十九年］《法学协会杂志》第三十四号、《穗积陈重遗文集》第一册五百零二页以下），等等。皆为其留学归国后在明治二十年代前半期所写所说的关于刑事法的主要论著。

以上述论著为证，可见当时的穗积陈重对刑事法，特别是刑罚和行刑十分感兴趣。说个题外话，在1883年（明治十六年），小河滋次郎同时在东京专门学校[1]与东京大学专科法学院学习，在穗积陈重的推荐下立志专攻监狱学，同年他给了穗积陈重一篇伯麦的作品《监狱学提要》，其译稿刊登在了翌年三月出版的《法学协会杂志》第一号上。

[1] 早稻田大学的前身。——译注

穗积陈重从留英时期开始对刑法的兴趣根植于他从小便很熟悉的中国古代思想中的刑罚论，这些兴趣与他立志将法律进化相关的调查研究作为毕生事业的决心相结合，自然就促成了他对刑法进化论的调查研究。

与刑罚相关的进化论的问题意识很早便扎根在他的大脑中，而正式将这些想法总结并发表的成果是1887年（明治二十年）《法学协会杂志》上连载的《刑法进化主义》，穗积重远在本书的序言中也曾提过。然而这篇论文大概不合穗积陈重之意，连载中断，文章并未完结。翌年，穗积陈重作了《刑法进化论》的演讲，这篇演讲稿作为附录已收录在本书中。这次演讲内容已提示出在未来几年将有重大发展的复仇进化的基本问题，而且基本框架也已初现雏形。然后他用了三四十年的功夫精心钻研同一题目、同一构思，并准备将成果纳入《法律进化论》中。这也体现了年轻时的构想与实现构想的执着对学者来说是多么的重要。

将“私力公权化”放在刑事法中进行调查研究，并将其定位在“法律进化论”中之时，自然会将研究视线转向民事法中具有相同属性的问题，于是穗积陈重便对民事法中属于被害者自力复仇的“扣押”进行调查研究。然而，我们不难看出与“复仇”相关部分的研究十分充分，与此相比，在“扣押”方面，《扣押乃民事法之起源》一文还稍欠火候。从这点来看，这篇论文与阐述复仇的第一篇论文《私力公权化在法之起源中的作用》同属一个水平。

四、《复仇与法律》

用穗积陈重的话来说，复仇是“源自人类自保性的反抗作用”，是“对危害其自身存在的刺激进行反击”，是“来源于高等生物共有本质的自卫作用”。复仇“即针对过去的迫害报仇雪恨，同时也针对将来的迫害起到威慑、防卫的作用”。当集体的一员受到侵害，例如被杀害时，“在数量上缺失了一份力量，这样不仅会在生存竞争上处于劣势，而且宽恕这种行为、采取不闻不问的态度，便会被视为弱者而受到侮辱，同时会因此削弱自己对外的威严。所以，在原始团体中，当一人受到迫害，全族人必然都得负起复仇的义务”。当复仇成为全族义务时，便不再仅仅是单纯的社会风俗，还包含了人们的伦理感情，穗积将该时期称为“第一阶段：复仇义务时期”。

他认为，从复仇全族义务时期开始，很多民族便逐渐限制复仇，但在我国，在法权建立、文明达到高级领域的近代之前，日本的复仇习俗拥有全世界独一无二的悠久历史，而原因就在于“武士道”“儒教”“封建制”。

到了“社会组织逐渐完备、社会力统制个人”的时代，“人们开始认识到私斗危害公共治安”，开始限制一直处于放任状态的复仇。穗积陈重将其称为“第二阶段：复仇限制时期”。复仇的限制由于“各个社会文化程度以及社会状态不同，各民族所用的方法并非一致”，他列举了七个最为普通的方法。

（一）规定复仇义务者的范围；

（二）规定复仇义务者的顺序；

（三）设置复仇避难地；

（四）设置复仇调停的机构；

（五）需要提交复仇申请；

（六）需要获得复仇许可；

（七）允许复仇赔偿。

首先关于复仇义务者的限制，他认为在原始野蛮社会，复仇乃全族义务，然而那个时期的部落会被其他部落兼并，形成一个新的团体，这个时候在新团体内产生的复仇便会引发内战，由此“导致部落的瓦解”。另外，随着成员的增加，丧失一个成员给整个团体生存所带来的影响在逐渐减小，因此通常就会限定复仇义务者的范围。而复仇“限制范围的大小取决于文化开明程度，随着社会组织的完善、社会管制力的发达，义务范围逐渐缩小”。

此外，复仇的心理基础是“自我生命一部分的亲人被害时的怨恨”，因此最早复仇是全族共同义务，被复仇的一方也是全族皆有责任承担复仇的后果。然而，在这些共同义务者、责任者中因亲疏有别，心中的怨恨也有深浅之分，复仇的念头同样也是强弱各异，于是，人们便制定出复仇义务者的顺序。发展到最后，复仇的义务和责任仅限定为顺序上排名第一之人。

关于复仇避难地，穗积陈重认为“避难制起源于禁忌的习俗，从神不可侵犯的信念中产生圣地的不可侵犯性，进而产生进入圣地之人的不可侵犯”，在神殿等圣地内“大开杀戒，是最严重的渎神罪，触犯此罪者将受冥罚”，这个信念深入人心，而且虽然在某种程度上文化已经有所发展，但“在社会组织尚未完备、无生命保障的社会里，躲进圣地避难便渐趋发展为一种习俗”，由此谈及了避难地成立的社会根源。

逃入避难地证明了避难的效用，于是立法者们就想通过积极地、有意识地设置避难地来维持治安。该事实有历史性的重大意义，避难制通常是在血亲共同责任的习俗既已消亡、个人责任观念发生之后才充分发展起来，而且立法者有意识设立避难地在人类进化的历程上前进了一大步，从中便可看出“进化”的痕迹。

这种由立法者特设的避难地与禁忌造就的避难地相比，绝大多数是“通过此举来维持治安，以及防止虐待，所以在此不可侵犯期间来进行仲裁、赔偿、审判等”，穗积陈重明确指出，这是将私力救济吸纳进公权力中的一种手段，是一种过渡制度。

但是，在另一方面，仅仅让避难者去避难是无法满足“社会良心”的，因此，或是让避难者做劳役，或是变卖为奴，如此一来，一方面可传达一个观念，避难者并非无偿地被免去犯罪的责任，以此或多或少地慰藉复仇者。而另一方面，再往前发展，避难就成了赔偿、和解的前提。

穗积陈重指出，“私力向公权力转变开始于作为私力基础的心理状态中抵触情绪最少的部分”，他在复仇调停机关方面涉及了古代中国的“和难制”和我国的“移乡制”。“和难”就是根据复仇义务之轻重，将仇家流放至远近不等的异乡，“移乡”就是在我国律令时期对那些本应处死的杀人者通过“赦”或“敕免”免除他们的死罪，将他们从犯罪地流放至异地。而且，假如要协调治安的维持和道义的要求，那就必须逐渐开启公权干涉的绪端，对私斗进行适当取缔，其中复仇申请与许可在所有策略中最为重要，它们成为后世严禁复仇的前提。此外，关于复仇许可，“首先要将禁止复仇作为法律通则，普遍禁止私斗和擅杀，只有在承认该复仇正当的情况下才可特别允许复仇”。由于公权力的发展，即便人们依然将复仇视为伦理上的义务，然而在法律上复仇却被定义为犯罪，只有获得公许才可去除其自身的违法性，由此可谓在“进化”之路上又迈进了一步。

“赔偿”出现的前提是人们的经济生活有了长足进步，产生了生活资料的贮藏和物物交换。赔偿的本质乃是财物与感情的交换。穗积陈重认为，文化程度作为赔偿习俗产生的前提条件具有两个内容，一是产生了原始经济思想，二是具备了治安价值的社会认识。换言之，由于原始经济思想的发展，作为单独行动的个体自力救济的复仇便逐渐转变为个体间协定救济、协同行为的赔偿。“这在社会构成要素的个体力间产生了联系，个体力集中转变产生了社会力，可以说是私力公权化的开端”，这便意味着复仇的历史又大大往前进展了一步。

关于“复仇到赔偿的过程”，穗积陈重按照“复仇本位主义”“复仇赔偿同位主义”“赔偿优先主义”进行排序。“复仇本位主义”一般将赔偿作为特例，“复仇赔偿同位主义”可让复仇义务者自由选择复仇或赔偿，而“赔偿优先主义”则是权力者让复仇者先要求仇家赔偿，只有对方无赔偿能力或拒绝赔偿时，方可进行复仇。

从复仇到赔偿的进化是以人们经济生活充实作为前提的，其中值得关注的就是货币经济的发展。交换媒介物的发展带来了复仇习俗的衰退，除了一些特殊民族，货币流通普及之同时也加速了复仇习俗的衰亡，牧野英一博士在为本书撰写的书评（昭和六年《法学志林》第三十三卷十号）中也同样指出该点。穗积陈重在明治二十一年的演讲《刑法进化论》中告诉大家，经济学家称“货币是贸易的媒介”，而法学家称“货币是和平的媒介”。

于是，针对侵害者的复仇在公权力的干涉下进化为赔偿，再由于公权力的发展壮大，公权力便代替复仇者来惩罚凶犯，赔偿进而又进化为刑罚。穗积陈重认为，从另一个角度来看，这意味着人们的道德意识随着公权化的发展而发生变化，上述的进化是“个体与总体的协调”“个体力的社会化”“私力的公权化”，是“法律进化”的重要一面。

五、《扣押乃民事法之起源》

穗积陈重在复仇中探寻刑罚之起源，他认为民事制裁的起源来自作为被害者自力复仇的“扣押”。随着社会生活的进步，扣押被逐渐限制，最终被纳入公权力中。穗积陈重立足于各个民族的风俗习惯与立法，阐述了扣押的整个进化过程。他将扣押的发展分成四个时期。

第一期相当于“复仇的无限制时期”，在这个时期，被害者通过伤害加害者或者抢夺加害者财产、妻儿来消除自身的愤怒，以此来弥补自己的损失，这里的扣押和复仇一样，都是“单独个体力的作用”。

第二期是“聚居生活观念稍有进步”的时期，被害者不像第一时期那样直接报复于加害者身上，而是将扣押作为“原义务履行的留置”，只有加害者不偿还债务，被害者才可将先前扣押之物占为己有，因此第二期是“强制担保的时期”。扣押“以他人的对立行为为目的，产生了一个个体力与其他个体力的联合，相当于刑事法中的赔偿时期”。

第三期是“公力干涉时期”，“相当于刑事法中的复仇限制，在两个个体力联合的基础上，再添加代表部分社会力的酋长、僧侣、预言家的命令或者由社会力形成的风俗习惯，开启了个体力逐渐社会化的绪端”。

第四期相当于“刑罚时期”，在这个时期，公权力已经确立，争议双方向公权力申诉，请求仲裁或裁决，私力向公力提出控诉，因此，私力最终被公权力化。

从上述扣押进化的时期来看，扣押的目的在第一期具有“个体力孤立”的一面，在第二期具有“个体力联合”的另一面，到了第三期则具有“个体力联合集中社会化”的第三面，到了第四期就完全“公权力化”，这也是具备三个方面的时期。

关于上述扣押限制的实况，穗积陈重认为这“显示了公权力作用在惯例上的初期状态，这些惯例来自个人自保性以及复仇性的作用”，他列举了爱尔兰古法《古制全书》中的扣押手续、罗马法、《萨利克法典》、英国古法以及印度的“拘留静坐法”作为例子。《罗马法》规定了“债务人逮捕法定诉讼”和“财物扣押法定诉讼”，其中“债务人逮捕法定诉讼”发展为后来的强制执行法，也成为诉讼的原因，而当对扣押有异议时，审判外的自力执行成了诉讼的原因，于是扣押逐渐转移为公力制裁的“财物扣押法定诉讼”。在《萨利克法典》中，法院的判决尚未拥有固有的强制力，只有在被告承诺服从判决的时候，法院才能执行，直到这个时候，才有了强制执行。而在英国的古法中，“动产返还之诉”的前半段是被害者的自力制裁，后半段是国家的公力制裁。印度的通过绝食催债的“拘留静坐法”在法院设立后骤然呈现衰退的景象。

穗积陈重通过上述例子意在阐明，“财产的复仇性掠夺一旦涉及了社会权力者，掠夺的性质便发生了改变，从扣押变成了担保物抵押，其目的不是夺回此财物来平复怨气并弥补损失，而是成为了强制要求对方履行还债或者赔偿义务的手段”。复仇乃刑法之起源，而扣押也是与财产相关的私斗，这些具有私斗性质的复仇和扣押皆随着公权力的发展而受到限制，其中关于扣押部分，文中总结道：“被扣押财产的人可以到法院质疑扣押的正当与否，不再需要冒着生命危险即时抗争”，而且“私力扣押随着法院制的完备逐渐失去必要性”，最终权力的发展使得未通过审判的扣押被严格禁止。与复仇的禁止相同，这个过程“展现了民事制裁从个体私力转变为了社会公权力”。

六、关于“复仇”

在本书中，穗积陈重论文的撰写年代比较久远，接近一个世纪，即便最新的文章也为半个世纪之前的作品。在此期间，学术界自然也在与时俱进，从现代的学术水准来看，人们不可避免会对书中资料的收集和解释产生异议。然而，这些资料涉及方方面面，在此无法对书中资料的恰当与否逐一进行分析或解释。在本书的编辑过程中，受编辑部委托，我仅修改了原著中的若干笔误，给一些汉字标注上假名发音以便如今的年轻人容易读懂。在此我仅就穗积陈重研究的“复仇”问题稍作阐述。

关于刑罚起源，1914年约瑟夫·科勒在其著作《法的一般历史》（小野清一郎译，昭和二十八年，日本评论社）中提到：当多个小图腾或者家族共同体同时存在时，刑法必然会以两种形式出现，一种为外部刑法，另一种为内部刑法。外部刑法用于一个团体攻击另一个团体，于是被害团体向加害团体发起反击。内部刑法则用于同一个团体内部，一个成员侵犯另一个成员。前者说的就是复仇问题，“外部刑法”并不是纯粹努力要扬弃道德性罪恶的结果而产生的，它是氏族间均衡势力的问题，是每个社会统一体的生存问题，是能否在与其他社会统一体抗衡中生存下来的问题。人们总认为复仇来自个人的复仇情感，于是就报复那些引起自己耻辱感的行为者。这个说法也许在某些原始社会事件中比较恰当，其实血债血偿是个社会制度，是两个氏族间的均衡问题，一个氏族失去的东西必须让另一个氏族也同样失去（《法的一般历史》，第八十四页）。

关于这一点，穗积陈重也说过，因为复仇是“自卫作用”，而且“当族群中一人被他族人所害，那么该族群在数量上便少了一份力量，在生存竞争上便处于不利地位”，假如对自己种族的成员遇害不管不问，便会因此削弱对外的威严，于是“在原始团体中，当一人受到迫害，全族人必然都得负起复仇的义务”，最终复仇成为种族以及团体生存竞争的现象之一。复仇的本质并不是主观情感，这一点与科勒的想法不谋而合。

海因里希·密特斯（Heinrich Mitteis）的观念与科勒的“外部刑法”“内部刑法”观念相似，在1964年的著作《德国法制史概论》（世良晃志郎译，昭和四十六年，创文社）中阐述关于日耳曼古法中的刑法起源时，他曾说“复仇是宗教义务，甚至被推崇为复仇信仰”，当氏族中的一员受到其他族人猛烈攻击时，反击的任务便由全族人承担，必须共同对外复仇并提供援助。而加害者一方的氏族只要没有正当理由与加害者断绝关系，就必须像被害者一方一样共同承担起支援加害者的义务。这样的攻击在当时并非我们如今讲的“犯罪”，而是被视为一种“挑战行为”，将氏族间潜在敌对关系转化为公开的“敌对行为”（Fehde/ inimicitia）时的最初战斗行为。与这种“敌对行为事件”相对应的，便是“损害国家以及人民团体利益的行为以及不体面的行为”，在这种情况下，犯人要和氏族断绝关系，被处以“丧失和平”的刑罚，并被驱逐出一切团体以及族群，任何人都可取该人的性命，他的下场便如狼一般，人人得而诛之。这样的“丧失和平”便成为“迫害”(acht)(《德国法制史概论》，世良晃志郎译，第五十四页以下)。

上述的科勒与密特斯将日耳曼民族的复仇定位为“外部刑法”或“挑战行为”，区别于“内部刑法”与“丧失和平刑”[1]。所谓复仇，就是一个群体的一员受到其他群体成员的侵害，即便这是个人之间的纠纷，也同样是涉及群体整体的问题，被害者的群体便会攻击加害者群体，而加害者群体也将该问题视为群体问题，迎接对方的挑战，甚至采取反击。正如穗积陈重所言，复仇的单位从整体转变为部分，但无论何种情况，复仇关系的主体都是拥有主体性的独立群体或个人，前提条件必须是复仇者与被复仇者都处在排他性的相互对抗关系中。因此，复仇确实不是内部问题，而是对外的“敌对行为”，在本质上是“战斗”。复仇与同一群体内部产生的犯罪以及对此进行制裁的刑事案件在原形上有着本质区别。即便在原始未开化的群体里，其内部也有整顿秩序的“法令”，违反这些法令时的制裁可以定位为刑罚的起源，但复仇是和其他群体进行的战斗，与群体内部秩序没有直接关系。

因为复仇被视为刑事法的起源，因此条件之一就是之前被

[1] 是指剥夺公权，驱逐出境。——译注

作为群体外部问题的复仇要被人们视为与集体内部秩序相关的问题来处理。这不是复仇本身的变化，而是复仇存在的基础发生变化，将复仇由外部问题转变为内部问题。所谓的复仇存在的基础的变化，穗积陈重认为，多个族群通过兼并构成一个新集体，之前曾有对抗关系，或者性质各异的人群居住在同一集体内部，要在统一的秩序内维持社会生活关系。这么做的结果，就是原本属于外部问题的复仇有可能归属为内部问题。原先的群体是单细胞属性，皆由自己人构成，但新群体内除了自己人，还增加了很多外人。在这样的群体内部，派系与派系间、个人与个人间便出现了对抗关系的要素，产生了群体内部也有复仇行为的可能性。他认为这里需要关注的是复仇的限制，违反该限制的行为，都将被视为破坏内部秩序的行为受到制裁，违反该限制之人便成为制裁的对象。

为了让对外宣战的复仇成为对内秩序的问题，就必须如上文所言，先让复仇存在的基础发生变化，其前提便是在原先都由同一类人构成的群体内掺入异质者。或者如穗积陈重所言，多个群体合并为一个。异质者的加入改变了原群体成员的性质，这种情况在权力发生期的原始社会中非常多见。通过经济条件的变化，就使同一群体的人之间逐渐出现贫富差距，富者以及有权者便凭借财富以及势力与穷人、弱者拉开距离，原本属于同一类的人们之间贫富差距日渐加大，最后富者凭着财富与势力坐上了支配者的宝座。由于经济条件的变化导致阶级分化，而阶级分化又导致原先的同质者如今成了异质者。此外，人们开始意识到，每个派系和个人都是独立的存在，如此一来，也意识到了群体是个掺入了异质者的存在。群体内部的支配层和被支配层的各个派系和个人都带着各自的意识，开始主体性活动，即便都在同一个群体内，内部也分化出了利害关系各异的派系和个人，他们之间有了对抗关系，甚至出现以武力来解决争端的情况。复仇由此在同一群体内部有了出现的可能。

我们来看看古代日本。我们的祖先遵循着依靠神灵权威的规则，以此来保证生活秩序，人们确信，破坏秩序的行为便是冒犯神灵，神将会让秩序破坏者或群体死后坠入地狱。神在人之上，神和人分处不同世界，即神与人之间存在着对抗关系。因此，神对人处以冥罚，便是神对人类恶行的报复。同时我们也必须看到，这里也有复仇存在于群体内部的条件。

然而，那些被称为王的支配者们有不少同时也是宗教精神领袖，依靠着神的权威，确立了自己作为神的代理人的地位，再利用这样的地位成为支配民众的无上权力者。这样的权力者们认为冒犯自己的行为便是冒犯了神的权威，他们惩罚民众便如神灵惩罚人们下地狱一般。我认为从这里可看出复仇是我国刑法起源之一。

最后，我再来简单说明一下“扣押”。从被害者面对侵害的自力救济这一点上来看，扣押与复仇本质相近。同一群体中严重的侵害行为是犯罪，这会成为刑罚的对象，而对其他成员的轻度侵害行为则不是犯罪，算是私犯。源于此说法，扣押可以说正是针对这一类私犯的自力救济。

在本书《扣押乃民事法之起源》一文中，穗积陈重对作为扣押对象的侵害行为并未作充分的解释，关于扣押的发展，也并未充分地发挥出他自己的构想。也许他想要将该论文中的想法作为核心，通过众多资料的补充来使其丰富，进而展开主题，定位民事法起源的扣押。笼统来说，扣押本身是针对不法行为的自力救济，关于这一点从大视角将其定位为“民事法之起源”，我想他一定有他自己的理由。

本书自问世以来至今已过去半个多世纪。文章中使用了一些当时流行的词汇与说法，如今已经不符合现实，也有些不恰当，如“支那”“土人”“躄”[1]等，在修订本书时，由于这些词汇可以使人从作者的风趣言谈中体会到微妙的变化，因此便原样保留，敬请各位谅解。

---

[1] 为了符合国人的阅读习惯，译者在翻译过程中已将前两词分别翻译为“中国”“土著”，而最后一词出现在本书所涉的日本古书名中，保持原样为宜，特此说明。——译注

附录

附录一 评 述

牧野英一[1]

已故穗积陈重先生的遗著《法律进化论》业已出版到第四册。穗积重远博士亲手整理的《复仇与法律》(昭和六年岩波书店出版)也已发行。依循惯例，书中起首部分有编者用心写就的序言。复仇论乃是故人穗积陈重先生多年之前便开始构思的题目，本书中作为附录收录在内的《刑法进化论》就是明治二十一年的作品，是一次大学通俗演讲会的演讲稿。当时刊登在《学艺》杂志上，从那时起，我便时常在本人的刑法讲义中引用该文，将其作为我们目的刑论的重要资料。通过编者撰写的序言，我们了解到穗积陈重先生"对我国的敌讨物语拥有特别的兴趣"，并且得知，先生遗著的出版就此告一段落，接下来

[1] 牧野英一(1878—1970年)，日本著名的刑法学家、法哲学家，日本主观主义刑法论最具代表性的人物。本文乃牧野先生专为《复仇与法律》一书撰写的书评，发表在昭和六年(1931年)《法学志林》第三十三卷十号，第96—100页。——译注

将进行全集的编撰。

我认为，论述以复仇沿革为基础的“私力公权化在法之起源中的作用”是先生的几大工作之一，毕竟私力的公权化乃是他拿手的课题。我们来思考一下法律，它以复仇作为起源，发展至今日的刑罚制度，其中蕴含着一种报应的逻辑。报应逻辑深植于人生之中，刑罚制度哪怕在今后不断进化，其核心的报应逻辑恐怕依然永续存在。然而，在如此抽象化的观察之外，我们还可以进行进化论体系的考察。在思考进化方向之时，我们获得了完全不同的结论。诚如先生在这部著作中阐述的，复仇并非一开始便获得公许，而是先以义务的形式出现，之后逐渐被限制，最终被完全禁止。从这个过程观之，我们至少可以得出如下结论：转化为复仇的报应随着进化走向衰亡。从外在来看这个进化过程，忠臣孝子之所以成为忠臣孝子的行为完全逆转成为国家的犯罪行为，但是我们可以从中理解到，在这种逆转现象中，社会力通过有机的集中转化而产生，从而私力渐趋公权化，随后便产生了法律（第67页）[1]。因此，刑罚的国家化（Verstaatlichuang）在刑罚发展上有其特殊之意义，对所谓的国家刑罚（staatliche Strafe）成立的理解不同——是通过单纯的抽象化方法，还是通过进化论构成方法——会导致人们

[1] 是指昭和六年岩波书店版的页码，下同。——译注

对于刑法乃至法律所持的人生观与社会观也会产生差异，并由此进一步发展为如何处理将来的观念转换问题。“自古以来的刑罚主义都是回溯性的（retrospective），仅着眼于既往事实，以报此仇为目的，但现在的刑罚主义正好相反，是前瞻性的（prospective），主要着眼于对将来的影响，以社会防御为目的”，这讲的便是着眼点的问题。

本书一方面认为“一些如弑君、谋反、卖国、弑父等剧烈刺激公众爱国心和道义心的罪行，以及其他如犯罪手段极其残忍无情、令人发指、激起公愤的罪行，在对其量刑时，为了维持道义、尊重社会正义感，科以重刑以获得社会的精神满意，可以说这也是正当的行刑方法”，另一方面也认为“但凡依靠以自由意思为犯罪责任基础的学说，都来源于回溯性观念，已经在立法主义本质上承认报应的原理”。作者解释了“复仇的本质”，认为“复仇对危害其自身存在的刺激进行反击，是来源于高等生物共有本质的自卫作用”。先生并非将复仇建立在复仇本身主观的道义感基础之上，而是将其视为“自卫作用”。既然将复仇视为自卫作用，那么复仇必然会受到社会其他自卫作用之法律的制约，于是，该制约不断加强并给复仇带来了“公权化”的冲击，我们在该过程中可看到其文化意义。作者认为“复仇的基础在于生物生存竞争的自然规律，它是实现生物个体生存的必要条件，这种自然规律产生了义务观念”，根据这种看法，一方面伴随团体生活的发展，人们意识到“私斗妨害公共安全”，复仇的道义观必须发生变化。复仇的限制可以说显示了该道义感的变迁。例如，我们看《礼记·曲礼上》中的记载：“父之仇弗与不共戴天；兄弟之仇，不反兵；交游之仇，不同国”，从中我们可以看出复仇轻重之分的意思。关于复仇避难地的设定，也同样可看出社会必要与道义感之间的交错。“避难制通常在血亲共同责任的习俗既已消亡、个人责任观念发生之后才得以充分发展”，特别是避难地，不仅仅是由于自然的紧急而产生的，而且是当政者有意识地进行开辟的，“根据开辟的目的、避难者的行为道义性以及其他情况之不同，对其庇护的程度也各有不同”。摩西开辟的逃城就是针对过失杀人情形发挥其不可侵犯性。由于这样的缘由，作者认为“私力向公权力的转变开始于作为私力基础的心理状态中抵触情绪最少的部分”。此外，关于那些纯粹由于禁忌而自然形成的避难地，作者认为“在一些半开化的民族中，尚不知道该习俗（避难制）的为数不少”，神灵乃至圣地之不可侵犯的信念在彼时起到了相当巨大的作用。

从复仇到赔偿的转变需要在文化史上进行深入的考察。“财物与感情的交换”现象就建立在文化基础之上，这是因为“人类的生活状态慢慢发展，人们储藏生活资料，与他人物物交换来满足生活的需求”等社会现象与文化紧密相关。与此同时，“治安价值的社会认识”也同样建立在文化基础之上。“原始经济思想的发达具有转变个体之自力救济的倾向，将其变成与其他个体之间的协议救济”，可以说“复仇是个体的单独行为，赔偿是个体间的协同行为”。“即在社会构成要素的个体力之间产生了联系，个体力集中转变产生了社会力，这可以说是私力公权化的开端”。特别是货币的发展给复仇带来了极大的影响。“除了有些民族产生了为了物欲而出卖臣子义务的陋习之外，货币的广泛流通使得复仇习俗加速走向衰亡”，从中我们可以看出称“货币乃是和平的媒介”之缘由。

由此想来，复仇公权化作为一个社会现象的文化意义，就在于它展现了作为人类、动物天性的复仇观念是如何随着人类意识的发展、理性的进步而渐趋成熟起来的。穗积陈重先生揭示了复仇对社会治安有何种功过，阐述了私力的公权化。这便是他关于“法律起源”的论述。如今，我们必须将这项工作往前推进，评价其对刑罚制度的现代文化所带来的影响，讨论该报应使命将何去何从。假如私力公权化使得个人自卫上升为团体自卫，那么刑罚的目的化教育之存在便是要调和团体的自卫与个人的自卫，使其二者融为一体。道义观的发展促使复仇进化为刑罚，今后的进化将更会加速，发展成为超越报应式刑罚的形式。诚如编者指出的那样，穗积陈重先生的这部遗著，是未定稿。然而，无论是在方法论上，还是国家论上，都令我们为之深深反思（参见常盘学士在《大学与社会》昭和六年八月第五号第九十二页对本书的评论）。

附录二　日本复仇观管窥

——以古典文学为重心

李隆献[1]

一、前　言

“复仇观”堪称重要的文化概念，影响中国文化、思想、社会、法律至为深远。

笔者近年来陆续对“复仇观”进行系列性探讨：《复仇观的省察与诠释——以〈春秋〉三传为重心》[2]，述及复仇现象/复仇观渊远流长，不仅出于血缘、社会因素，也受文化礼俗左右，而有其复杂多面的呈现。透过相关资料的搜罗、分析，发现：

---

[1] 李隆献，台湾大学中国文学系教授兼系主任。本文原载《成大中文学报》第24期（2009年4月），第1—28页，事后由日本学者工藤卓司译为日文，发表在《中国哲学》第39号（2011年11月），第13—43页。承蒙李隆献教授慷慨惠允，将其附录于此，谨此特表由衷谢忱。——译注

[2]《复仇观的省察与诠释——以〈春秋〉三传为重心》，《台大中文学报》（台北：台湾大学中国文学系），第22期（2005年6月），第99—150页。

> 人类的复仇行为即使有生物性的来源，然而在复仇观社会化的过程中，庞大的儒家传统以其一贯的方式，亦即将原始社会的种种习俗规范化、礼仪化、经典化；因此原本血亲复仇的模式——或者以氏族成员为对象；或以造成对方相同的痛苦为目的，如孟子所说的“杀人之父，人亦杀其父；杀人之兄，人亦杀其兄”；或专以施害者为对象——这些模式便逐渐为儒家经典诠释所收编，先是藉由经学的地位将之学术化，再经由深习儒家思想的循吏法外施恩的实践，因此在民间社会形成一股坚实的复仇思想与风尚。当然，自战国以降的任侠之风，也是汉代复仇风气不可忽视的来源，然而东汉以降的中国复仇传统，几乎便是儒家典籍所描述的形态，由此亦可见证儒家伦理观念/思想传统，对中国社会无所不在的影响力。[1]

沿着此一探究路径，笔者接连撰写数篇相关论文：《两汉复仇风气与〈公羊〉复仇理论关系重探》[2]，指出《公羊传》的复仇理论，在两汉期间实际上并未真正付诸实践，传统将东

[1]《复仇观的省察与诠释——以〈春秋〉三传为重心》，第146页。

[2]《两汉复仇风气与〈公羊〉复仇理论关系重探》，《台大中文学报》，第27期（2007年12月），第71—122页。

汉盛行复仇归因于《公羊传》复仇学说，其实并不可信，进而指出：东汉以降，尤其是东汉末年的盛行复仇，实与东汉整体士风以及朝廷的大赦泛滥关系密切，并非源自《公羊传》复仇理论。《两汉魏晋南北朝复仇与法律互涉的省察与诠释》[1]，则指出自西汉至南北朝的复仇观，在与官方法律互动下，反映出“忠”/“孝”两种伦理的拉扯。面对私义的“孝”/“礼”与公义的“忠”/“法”等概念，复仇观在此一时期产生多次变化：汉代——尤其是东汉——较倾向于认同复仇；曹魏时期则明订禁止复仇的律令以规范复仇行为；南北朝分裂后，南方强调“孝义”伦理，对复仇采宽赦，甚至肯定的态度；北朝则倾向于强调“忠”，透过将“忠”定义为“大孝”的诠释方式，将“忠”的内涵国家化，同时也明令禁止复仇。《隋唐时期复仇与法律互涉的省察与诠释》[2]，探讨传统复仇观在隋唐三百余年间的具体样貌，就此一时期复仇观的递嬗、官方的法令规范与执法态度、舆论所反映的复仇观，以及复仇与法律互涉的相关问题等进行省察与诠释。另有《先秦至唐代鬼灵复仇事例的省

[1]《两汉魏晋南北朝复仇与法律互涉的省察与诠释》，《台大文史哲学报》（台北：台湾大学文学院），第68期（2008年5月），第39—78页。

[2]《隋唐时期复仇与法律互涉的省察与诠释》，《成大中文学报》（台南：成功大学中文系），第20期（2008年4月），第79—110页。

察与诠释》[1]，探讨先秦至唐代鬼灵复仇的现象及其所反映复仇观的实况与嬗变之迹；《宋代经生复仇观的省察与诠释》[2]《宋代儒士复仇观的省察与诠释》[3]，探论宋代经书、子书、文集中复仇观的具体样貌与嬗变状况。

在几年的研究中，笔者也曾以中国的传统复仇观与欧西的基督教复仇观略作比较，发现两者大相径庭、迥不相侔。[4]根据笔者粗浅涉猎，稍知盛行复仇的日本文化与中国复仇观有相当程度的关系，因不揣浅陋，试图探究日本复仇观的渊源与流变：先省察日本复仇观的起源及其与中国文化的关系，接着对日本复仇文化的盛衰与演变作鸟瞰式的勾勒；继则依时代先后，由日本上代《古事记》《日本书纪》，中古《日本三代实录》《源氏物语》《枕草子》，中世《曾我物语》，近世《忠臣藏》等史学、文学作品管窥日本的复仇观，并抽绎学者的相关论辩，以见日本学者的复仇观；最后则概略比较中日复仇观的异同。笔者对日本文化认知

[1] 《先秦至唐代鬼灵复仇事例的省察与诠释》，《文与哲》（高雄：中山大学中文系），第16期（2010年6月），第139—202页。

[2] 《宋代经生复仇观的省察与诠释》，《台大中文学报》，第31期（2009年12月），第147—196页。

[3] 《宋代儒士复仇观的省察与诠释》，收入《孔德成先生学术与薪传会议论文集》（台湾大学中国文学系编印），2009年12月。

[4] 参见《复仇观的省察与诠释——以〈春秋〉三传为重心》，四之（二）“西方复仇观管窥”，第140—144页。

有限，固陋难免，敬期海内外博雅君子有以教我。

二、日本复仇观述略

中国文化影响日本文化至深且远，固不烦赘言，中外学者述及此一现象之论文亦不待枚举。日本的“复仇观”，早自文字发明以前，即已深受中国大、小戴《礼记》《周礼》等儒家经典“父仇不共戴天”观念的影响，普遍视复仇为一种正当/必要的行为，无论朝廷或民间，复仇风气均极盛行。[1]现今留存的日本歌舞伎与净琉璃等艺术作品，以复仇为题材的“复仇类”[2]故事即占半数以上，日人对复仇故事热衷的程度，由此可见一斑。

---

[1] 日本学者穗积陈重即曾指出中国思想对日本复仇观的决定性影响力，说见氏著:《复讐と法律》(东京：岩波书店，1982年)。相对而言，中国学者反较少论及，如贺圣遂《儒家思想对日本文化的影响》虽历述儒家文化对日本政治、文史哲、科学等方面的影响，却未述及儒家复仇观这一影响日本文化、社会、文学、艺术至为深远的观念。贺文收入刘柏林、胡令远编:《中日学者中国学论文集——中岛敏夫教授汉学研究五十年志念文集》(上海：复旦大学出版社，2006年)，第150—161页。

[2] “复仇类”——“仇討ち物”——泛指所有以复仇为主题的文学作品。由于日本的艺术作品中，关于复仇的题材格外兴盛，因此特别归为一文类，这在世界文学作品中实属非常特殊的现象。日本复仇类的代表有：曾我类、忠臣藏类、伊贺类（是指荒木又右卫门在伊贺上野的复仇决斗故事）等。其中曾我类的衍生作品即达上千种。

中文的"复仇"，或作"复讎""复雠""报讎""报仇"，[1]日文则有"复讐""仇讨ち""敌讨ち"三种不同说法。日文"复讐"的字源，明显由中文"复讎""复讐"而来，但"仇讨ち""敌讨ち"两种同义异字的用法，则要到镰仓时代（1192—1333）始广为流传。

笔者认为，日本"复讎"一词，乃借自汉字，日本早期的复仇观也大致承袭中国传统的"五伦复仇观"。[2]公元646年，日本孝德天皇推动"大化革新"，派遣唐使至中国学习文化，同时也将儒家思想与汉字带回日本。根据日本最早的正史《日本

[1] "复仇"，中国传统典籍或作"复讎"，如《孟子》《公羊传》《谷梁传》；或作"报讎"，如《左传》《周礼》《史记》；或作"报仇"，如《史记》；亦有作"复仇"者，如《越绝书》。《广雅·释言》："报，复也。"[（清）王念孙：《广雅疏证》（南京：江苏古籍出版社，2000年），卷5上，第11页上］可知"复仇"与"报仇"实异词同义。又，《说文·人部》："仇，讎也。"[（清）段玉裁：《说文解字注》（台北：艺文印书馆，1974年），卷8上，第36页上］〈言部〉："讎，应也。"段《注》："讎者，以言对之。……引申之为讎怨，《诗》：'不我能慉，反以我为讎'；《周礼》'父之讎'、'兄弟之讎'是也。……仇、讎本皆兼善恶言之，后乃专谓怨为讎矣。"（同上，卷3上，页8下）案："讐"为"讎"之异体字；又，仇、讎亦可合为复词，如《左传·哀公元年》："（越）与我同壤而世为仇讎"，《荀子·臣道》："爪牙之士施，则仇讎不作"，可知"复仇""复讎"异字而同义。本文从俗，或用"报仇""复讎"，而多用"复仇"，端视行文而定，并无深意。

[2] "五伦复仇观"是指中国社会受儒家思想影响而形塑的复仇观，说见拙撰《复仇观的省察与诠释——以〈春秋〉三传为重心》之"二、儒家复仇观的省察与诠释"，第110—120页。

书纪》记载，早在显宗天皇二年（486年）的记载中，已直接引用《礼记·曲礼上》“父之雠弗与共戴天；兄弟之雠，不反兵；交游之雠，不同国”[1]，并可见儒家思想对日本复仇观的深远影响力。此一时期的日本复仇观与中国并无太大差异，一直要到平安时代（794—1185年），日本的“复仇观”才有新面貌。

穗积陈重将日本复仇的沿革分为允许复仇时代、限制复仇时代、禁止复仇时代三个阶段。[2]相较于世界其他国家，日本允许复仇的历史相当长远。其原因不外乎受到中国儒家思想、日本武士道思想以及幕府封建制度等因素的影响。穗积陈重认为，日本吸收中国文化，视复仇为父子、兄弟、朋友间的义务。日本自古以来视复仇为臣子的重大义务，特别是在武家时代，复仇行为受到社会大众的赞扬。又，日本的幕府封建制度因长期处于多数小国的状态，法权并未统一，杀人者只要逃往他地便能脱离法律制裁，公权力的不彰间接助长了复仇风气。[3]正因思想上对复仇采

[1] ［日］太安万侣：《日本书纪·下卷》（东京：小学馆，《新编日本古典文学全集3》，2002），第248页。《礼记》原文见（唐）孔颖达等：《礼记正义》（台北：艺文印书馆，1976景清嘉庆二十年江西南昌府学刻本），卷3，第10页下。又《礼记》作“弗与共戴天”，“弗”“不”古通。

[2] ［日］穗积陈重：《复雠と法律》，第101—108页。

[3] 此与东汉时期的“避罪待赦”颇为类似，说参拙撰：《两汉魏晋南北朝复仇与法律互涉的省察与诠释》二之（三）“东汉时期复仇与法律互涉的省察与诠释”，第48—57页。

取肯定的态度，法律上又对复仇行为没有严厉的规范，使得日本的复仇历史，相较而言，比其他国家来得长远。[1]

平安时代，日本大量吸取中国文化，法令制度也模仿唐律的《贼盗律》[2]，主张不得私下和解[3]。但这项律令随着奈良平安朝佛教的盛行，主张以慈悲为重，因而常有大赦、特赦等减刑而逐渐式微。死刑的废止，加上平安朝政局动荡不安，兼以连年饥馑，天变频繁，群盗出没，使得此一时期的复仇风气更为盛行。当时的复仇观揉合了民间的“御灵”信仰，发展出一套独特的“怨灵”复仇思想——政治上遭斗争、含冤而死的人会化为怨灵制造动乱。

时至12世纪，源赖朝的武家政治成立，复仇不再局限于私

[1] 相对而言，中国允许复仇的历史又较日本为长，变化更多，可参笔者前揭数文。

[2]《唐律·贼盗律》载：“诸祖父母及夫为人所杀，私和者，流两千里；期亲，徒二年半；大功以下，递减一等；受财重者，各准盗论。”（刘俊文：《唐律疏议笺解》，北京：中华书局，1996年，第1287页）。日本的《贼盗律》则说：“凡祖父母父母外祖父母及夫，为人所杀，私和者，徒三年；二等亲，徒二年；三等以下亲，递减一等；受财重者，各准盗论。”（［日］佐伯有义：《续日本记·下卷》，《增补六国史》，东京：朝日新闻社，1940年，第134页）。简言之，亲人遭杀害，民众有告官的义务，不告者须定罪，私下和解者必须处罚。无论律文的文字或精神，都几乎与《唐律》完全相同。

[3] 关于唐代复仇与法律的互涉，可参拙撰：《隋唐时期复仇与法律互涉的省察与诠释》之四“《唐律》中复仇相关律令的省察与诠释”，第101—108页。

人恩怨，而演变为武将间的讨伐行动——“敌讨ち”。其最著名者，如平贞盛举兵讨伐平将门（940年左右）、源赖朝讨伐长田忠致（1180年），以及曾我兄弟的复仇（1194年）等，此类复仇大都以个人的复仇名义策划大规模的军事行动。[1]在兵荒马乱的战国时代，复仇所带来的大规模屠杀，使得复仇的本质逐渐脱离早期的伦理情仇。对此，学者清原康正认为：“仇讨ち”一词，除了复仇之外尚有另一层含意：原先的“复讐”一语，复仇本身便是唯一的目的；“仇讨ち”则牵扯个人的利益与野心，特别是战国时代的武士为了巩固自身的利益，经常以复仇之名对敌人进行讨伐。因此这两个词，中译虽均为“复仇”，其本质则有着微妙的不同。[2]从上古时期的“复讐”一词到镰仓幕府时代的“仇讨ち”/“敌讨ち”，由字义的变迁亦可概略窥知日本复仇思想的变异。

江户幕府时代（1603—1868年），受到武士道与执政者积极鼓吹伦理思想、奖励复仇行为的双重影响，民间复仇事例急遽增加。由宽政改革年间（1787—1793年），官方出版的《孝

[1] 此种行为类似中国的“为主复仇”。为主复仇所涉及的问题与特色，可参拙撰：《两汉魏晋南北朝复仇与法律互涉的省察与诠释》。

[2] ［日］清原康正：《復讐譚と仇討小説——小説に見る仇討》（《复仇故事与复仇小说——小说中的复仇》，收入东京：《大众文学研究》，第98卷（1992年7月），第20页。

义录》五十卷即可看出对复仇义士的大力赞扬。在当时的社会观念中，复仇不但是美德，若未能为亲人尽复仇的义务，官府还会严加惩处。江户时代所有有关复仇题材的文学、戏剧、说书均得到庶民阶级的热烈回响，[1]甚至出现了“妻敌讨”[2]等特殊文类。这股复仇风潮，一直延续到明治六年（1873年）颁布禁止复仇的法令，日本将近一千五百年（486—1873年），见诸正史记载的复仇历史才逐渐衰歇。

以下数节，分别依时代先后探讨日本不同时代的复仇观。

三、日本复仇观的起源：“记纪”记载的古代复仇事件与复仇观

“记”“纪”[3]是指日本现存最古老的两部史书：大安万侣

---

[1] 曾我兄弟（1194年）、荒木又右卫门（1634年）、“忠臣藏”的赤穗四十七义士（1703年），为日本最著名的三大复仇故事；据之而改写的文学作品不计其数，而且成就颇高，成为日本文学的一大特色。尾崎秀树曾引用明治小说家幸田露伴的话说：“世界上应该没有像日本这样礼赞复仇的国家了，复仇成为日本在世界文学中的唯一特色。”说见氏著：《复仇的随想》（东京：《大众文学研究》，第98卷，1992年7月）。

[2] “妻敌讨”是指丈夫对奸夫的复仇故事。室町幕府时代，地方判官对杀死情夫的丈夫不做任何处分，甚至连一并杀掉不贞的妻子也不会受到责罚，之后更演变为丈夫除掉奸夫淫妇是一种必须履行的义务。

[3] “记”“纪”二词盖亦源自中国典籍：中国古书，地位最高者称“经”，其次曰“传”“说”“记”；又《史记》有“本纪”以记帝王事迹。

的《古事记》与《日本书纪》。

一般述及日本的复仇事例，最易联想到的是《忠臣藏》故事；实则日本最早的复仇记载，可追溯至公元前7世纪神武天皇（公元前660—公元前585年）的大和讨伐。神武天皇在东征途中，皇兄五濑命遭久米射杀身亡。神武天皇遂特意绕道，为兄复仇，途经久米根据地，吟曰：

> 久米之痛如山椒之辛辣，勿忘敌人加诸我等之痛；尔应谨记复仇之念，今必速速击退敌军！[1]

此即脍炙人口的《久米歌》。神武天皇一举消灭久米势力，成功为兄复仇。东征结束后，神武天皇即位，成为日本史上第一任天皇。

神武天皇之后，最轰动的复仇事件当数公元456年的眉轮王复仇。根据《日本书纪》卷十四上所载，七岁的眉轮王某日在宫中庭院玩耍，无意间窃听到安康天皇与母亲之间的对话，发现继父安康天皇正是弑父仇人，遂于当晚趁继父熟睡时用大

[1] [日] 太安万侣：《古事记》（东京：小学馆，《新编日本古典文学全集1》，2002年），第155页。本文之日文中译，皆由台大日本文学系讲师彭谊芝女弟负责，复经本人润饰。

刀将其首级砍下。[1]

此则骇人听闻的事件引起宫廷内的大骚动，甫继位的雄略天皇怀疑皇弟八钓白彦乃暗杀事件的幕后策动者，遂将八钓白彦斩杀。眉轮王与另名一皇兄阪合黑彦为了保命，遂一起逃至円大臣家寻求庇护。雄略天皇派遣使者至円大臣家要求交人，円大臣不唯不从，且严正地说：

> 盖闻人臣因事遁入王室，未闻君王隐匿臣舍。今阪合黑彦皇子与眉轮王深恃臣心，托身臣舍，焉忍送欤？[2]

雄略天皇遂派部队包围円大臣家。円大臣穿戴官服接见天皇，跪曰：

> 臣虽被戮，莫敢听命。古人有云："三军可夺帅也，匹夫不可夺志也。"臣愿奉上小女韩媛与葛城宅七区，请以

[1] 此事之情节与索福克里斯（约公元前496—公元前406年）著名的希腊悲剧Oedipus the King大抵相同，但两位主角的反应与行动则迥异天壤。Oedipus the King中译本参考胡耀恒、胡宗文译注：《伊底帕斯王》（台北：桂冠图书公司，1998年）；罗念生：《罗念生全集·第二卷·索福克勒斯悲剧四种·俄狄浦斯王》（上海：上海人民出版社，2004年）。

[2]《古事记》，第155页。

赎罪。[1]

雄略天皇不从円大臣之请，并下令放火将房内所有人烧死。

由円大臣之舍身毁家保护眉轮王，可以推知円大臣认为复仇是正当/正义的，因此选择站在捍卫复仇的立场，拒绝听从天皇的命令。而円大臣为眉轮王求情的话，则直接引用了《论语·子罕》所载孔子之言，显示当时编纂者太安万侣在仿汉字撰写此书时，深受中国儒家思想的熏陶与影响。

眉轮王的复仇事例为日本立下最早为父复仇的典范。雄略天皇质问眉轮王杀人动机时，眉轮王答曰："臣元不求天位，唯报父仇而已。"[2]七岁的眉轮王年纪虽小，却明白为父复仇的道理，可见古代的日本人已视复仇为发自内心，至情至理的行为，即使居天皇高位也难逃被复仇者追杀的命运。当时的日本法律并未对复仇加以规范，因此雄略天皇并非代表公权力对眉轮王的复仇行为做惩罚，而是私下忌惮自己的皇位不保才将兄弟及眉轮王杀害。[3]

[1]《古事记》，第144页。

[2]《日本书纪·下卷》，第142页。

[3] 遭眉轮王杀害的安康天皇虽为雄略天皇的兄长，但雄略天皇却是出于疑忌，而将同为骨肉的八钓白彦与阪合黑彦以叛乱罪名处州，可见其行为很难解释纯为兄长安康天皇复仇。

眉轮王复仇事件落幕不久，某日雄略天皇与其表兄忍齿王同赴郊外打猎，因听信部下谗言，怀疑忍齿王别有居心，意图不轨，遂趁打猎之际将其射杀，并将尸体埋进木桶毁尸灭迹。当噩耗传至京城时，忍齿王的两个遗孤——意祁王与袁祁王——听到父亲被害的消息，遂逃至邻国播磨国藏匿。数年后雄略天皇驾崩，继位的清宁天皇亦早逝，王位需要继承人，相传播磨国有路人目击忍齿王遗孤，宫中于是派遣使者迎回意祁王与袁祁王，袁祁王继位，是为显宗天皇。显宗天皇遂命令部下至昔日打猎的森林寻找父亲的遗骸，并拟毁坏雄略天皇的坟茔泄愤。显宗天皇说：

> 吾父先王无罪，而大伯濑天皇射杀弃骨郊野，至今未获。愤叹盈怀，卧泣，行号，志雪雠耻。吾闻：“父之雠不与共戴天，兄弟之雠不反兵，交游之雠不同国。”夫匹夫之子，居父母之雠，寝苫枕干，不与共国，遇诸市朝，不反兵而便斗。况吾立为天子，二年于今矣。愿坏其陵，摧骨投散。今以此报，不亦孝乎？[1]

其兄意祁王则认为“为父复仇”虽属天经地义，但雄略天

[1]《日本书纪·下卷》，第248页。引文原文为中文。

皇究系叔父，亦为天下共主，若破坏其坟墓，必招后世批评；不过，父仇亦不能不报，遂建议采取折中的方式，挖掘雄略天皇坟墓旁的土地以示复仇，如此对后世亦有警惕作用。

显宗天皇的一段话，毫无疑问采自《礼记·曲礼上》的“父之雠弗与共戴天；兄弟之雠，不反兵；交游之雠，不同国”；而“居父母之雠，寝苫枕干，不与共国，遇诸市朝，不反兵而便斗”等句则见于《礼记·檀弓上》。[1]关于此点，王小林《古传承的成立与〈史记〉——关于显宗记破坏雄略陵的复仇故事》，[2]除了探讨《显宗记》与《礼记》的密切关系之外，并指出显宗天皇企图以破坏陵墓的方式复仇，与《史记·伍子胥列传》伍子胥掘楚平王坟墓鞭尸的情节相当类似。显宗天皇的掘墓复仇事例，虽因不见于同时期的地方志《播磨国风土记》，而遭质疑其史实的可靠性；不过从《日本书纪》引用的章节、显宗天皇企图掘墓复仇，以及意祁王的劝阻，在显示太安万侣在编纂日本史书时，受

[1]《礼记·檀弓上》作：“子夏问于孔子曰：‘居父母之仇，如何？’夫子曰：‘寝苫枕干，不仕，弗与共天下也；遇诸市朝，不反兵而斗。’”（《礼记正义》，卷7，第17页。关于此段经文及其他礼书的复仇主张，可参拙撰：《复仇观的省察与诠释——以〈春秋〉三传为重心》二之（二）“礼书复仇观的省察与诠释”，第112—120页。

[2] 王小林：《古传承の成立と〈史记〉——显宗记の雄略陵破壊复仇谭について》（大阪·大阪工业大学，《大阪工业大学纪要（人文社会篇）》，1999年），第40页。

到《礼记》与《史记》等书复仇观的影响，则应无可疑。

冈野弘彦则有不同于前述的观点，认为显宗天皇破坏坟墓的行为并非受到中国“父仇不共戴天”思想影响，而与日本古代的民间信仰有关。在日本古老的观念中，被杀害者由于灵魂无法超度，因此杀人犯的罪孽特别深重。为了安抚亡灵，生者多半会用一些方法来帮助亡灵超度，替死者复仇便是其中之一。[1]此说虽不无可能，但并不能排斥其受中国文化影响的可能性，因为文化常由多重因素构成，而非由单一条件所决定。

上述几则复仇事例，由于神武天皇的故事年代过于久远，属于口耳相传的古老故事，目前日本学界尚无法断定神武天皇是否确实存在，因此神武天皇东征故事犹待证实。不过，即便不论神武天皇为兄复仇事例，而以眉轮王与显宗天皇的复仇事例考察，即可知日本上古时期的复仇观明显受中国儒家的孝义思想与五伦复仇观的影响，这种观念一直延续至近世的江户末年，其中心思想基本上并无太多改变，不过随着朝代的更迭，复仇的样貌也越发丰富多彩。

[1] ［日］冈野弘彦：《「記紀」に記録された仇討》，收入《忠臣蔵と日本の仇討》（东京：中公文库，1999年），第184页。“中央研究院”中国文哲研究所黄冠闵教授亦持此说，见2008年9月25日“天、自然与空间”学术研讨会（台湾大学中国文学系主办，日本“东亚的文明冲突与‘天’观念的演变”研究班、台湾清华大学人文社会研究中心合办）发言。

四、平安时代的复仇观："御灵"与"怨灵"/"生灵"复仇

（一）"御灵"信仰下的"怨灵"复仇

"御灵"是指含恨而死、无法超度的冤魂，或意外死亡，无人祭拜，继续停留人间，造成饥馑等灾祸疾病的亡魂。御灵信仰祭拜的对象主要以政治斗争失败的人物为主。[1]日本传统观念认为民众必须固定祭拜这些御灵，否则会带来厄运。

平安时代（794—1185年）初期，由于疾病肆虐，加上地震等自然灾变频繁，导致社会不安、人心惶惶，御灵信仰遂随之兴盛。日本最早的御灵会纪录，出现于《日本三代实录》贞观五年（863年）五月二十日：

> 所谓御灵者，崇道天皇（早良亲王）、伊予亲王、藤原夫人（吉子）及观察使（藤原仲成等）、橘逸势、文室宫田麻吕等是也。并坐事被诛，冤魂成厉。近代以来，疫病繁发，死亡甚众。天下以为，此灵，御灵之所生也。……今兹春初咳逆成疫，百姓多毙，朝廷为祈，至是

[1]"御灵信仰"与台湾地区的"百姓公信仰"/"中元普渡"近似，但"百姓公"主要祭拜对象为无名氏/无名英雄，与"御灵"的祭拜政治人物迥异。

及修此会，以赛宿祷也。[1]

执政者担心被斗争的六人化为冤魂报复，遂于神泉院建立御灵会祭祀之。天应元年（781年），桓武天皇即位，胞弟早良亲王立为皇太子。延历四年（785年），早良亲王遭怀疑与天皇宠臣的暗杀事件有关，遂被放逐至边疆地带，途中因粮食缺乏而身亡。次月，桓武天皇立其子为皇太子，皇太子旋即病倒。卜卦的结果为早良亲王亡灵作祟，桓武天皇遂派遣僧侣沿路诵经，并追赠早良亲王为崇道天皇以消弭怨灵复仇。

大同年间（806—810年），皇太子与同父异母兄弟伊予亲王谋反的消息走漏，旋即被废。伊予亲王母子被囚禁于川原寺，最后服毒自尽。之后京城天气开始异常，而且疫疾广为流行。朝廷遂紧急下令各大寺庙诵经祈福，以安抚伊予亲王母子亡魂。[2]

其他尚有许多事例，如宝龟三年（772年）三月，井上内亲王皇后因巫蛊之罪被废，事隔两月，皇太子也被废为庶民，母子二人被流放至偏远地带，过了一年半的禁闭生活，最后抱着深沉的怨恨而终。内亲王死后，京城开始流行疫病，风雨交

---

[1]《日本三代实録·五十卷》（《新订增补国史大系》，东京：吉川弘文馆，1971年），第113页。引文原文为中文。

[2] 参见［日］藤原克己：《阴魂·御灵》，收入《国文学》（东京：学灯社，1969年10月）。

加，天皇与皇太子的健康也日趋恶化。天皇于是下令改建内亲王的墓地，将“坟”改称为“御墓”，始平息冤魂。[1]

概括而言，平安时代的复仇案例多集中于朝廷，御灵信仰沾染了浓厚的政治色彩，阴魂作乱者大都为政治失败者，与当时的王朝权力斗争息息相关。平安朝的复仇观，除了与古代传承的民间信仰相结合之外，也可能受中国阴阳家思想与魏晋南北朝志怪小说、唐人传奇影响，因而鬼魂作祟的思想特别兴盛。不过御灵复仇特殊之处为：鬼魂并非针对仇家复仇，而是产生大规模的天灾与疫病，[2]此与中国魏晋南北朝，乃至唐代的鬼灵只针对特定的个人进行复仇大异其趣。[3]

---

[1] 其他御灵作祟之例尚多，可参见［日］坂本和子：《御产記事にみられるもののけ》(《生产记事所见的阴魂》)，收入《解积与鉴赏》(东京：至文堂，1975年)。又，《荣花物语》记载平安时代妃子生产时，经常会出现干扰母子生产的阴魂。尤其是得势的皇后，深怕怨灵捣乱，常于生产期间派僧侣在房内驱邪。因此，平安时代生产记录所出现的阴魂，可视为与前代的御灵遥望的存在，成为当时的一个重要特色。参见［日］藤原克己：《阴魂·御灵》。

[2] 《小右记》《权记》等史书皆记载平安时代宫廷许多失势的政治家，在斗争身亡后灵魂依附他人身上的案例，这也可视为御灵复仇的一种变形。关于平安朝史书所载的阴灵附身实例与探讨，可参见［日］藤本胜义：《源氏物語の「もののけ」》(《源氏物语的「阴魂」》，东京：笠间书院，2001年)第二章。

[3] 关于中国先秦至魏晋南北朝隋唐时期的鬼灵复仇，可参拙撰：《中古时期鬼神复仇观的省察与诠释》，《汉代以降复仇观的省察与注释——中古时期复仇观的省察与诠释》之肆(国科会专题计画成果报告，2006)；亦见《唐代以前鬼灵复仇的省察与诠释》。

（二）紫式部笔下的“生灵”与“怨灵”复仇

相对于“怨灵”/“死灵”复仇，“生灵”复仇指的是人在活着时，灵魂脱离肉体，出窍害人的复仇方式。“生灵”一词最早出现于清少纳言《枕草子》（1000年），被描述为“最可怕的东西”；《落漥物语》《源氏物语》[1]《今昔物语》[2]等书亦皆可见。

“生灵”一词乃凭空杜撰，其构想应源自古老的御灵信仰，目前史书并无任何有关生灵的记载。“生灵复仇”最为世人耳熟能详的，莫过于紫式部《源氏物语》六条夫人御息所的“生灵出窍”故事。

《源氏物语》全书将近五百个人物，六条夫人御息所是唯一化身为生灵者。六条夫人的故事情节散见于《源氏物语》的《葵》《若菜》《柏木》等卷，主要描述六条夫人与男主角光源氏长达十数年的爱恨纠葛。六条御息所原为桐壶帝之弟东宫之妻，不幸于二十岁时丧夫守寡。二十四岁爱上了皇子光源氏，成为光源氏的恋人之一。由于光源氏已有妻室，加上六条夫人长光源氏七岁，

---

[1] 关于清少纳言之《枕草子》，参考林师文月译本（台北：洪范书店，2000年修订初版）。又，清少纳言与紫式部二人的微妙关系及其书的相关问题，可参林文月师：《清少纳言与枕草子》，收入《枕草子》，第5—14页。

[2] 参考北京编译社译，周作人校：《今昔物语》（北京：新星出版社，2006年）。

又因身份的关系，始终得不到光源氏的爱。自视甚高的御息所，在一次与光源氏妻子葵夫人争车位时受到屈辱，自尊心受创。御息所受不了打击，在悲痛之余，不由自主/下意识地“生灵”出窍，害死妊娠中的葵夫人。光源氏知道真相后，更加疏远六条夫人。但御息所却不肯就此善罢甘休，在死后十八年，竟化身为“怨灵”，先将光源氏的第二任妻子女三宫逼至出家，又攻击光源氏的爱妾夕颜，最后且将光源氏一生最爱的女人紫上杀害。[1]

《源氏物语》中六条夫人的化身为“生灵”，当系受到当时盛行的“御灵”思想影响。对阅读《源氏物语》的贵族而言，怨灵当为其生活信仰的一部分，紫式部掌握读者对“御灵”好奇的心理，将“怨灵”现象写进作品以增强其戏剧效果。六条夫人利用攻击他人来达到复仇的目的，显然与同时代发动大规模灾害的“御灵”复仇有异曲同工之妙。紫式部运用高超的文学技巧，融合了当时的复仇观，让为爱所苦的六条夫人既“生灵”出窍报复，复以“怨灵”为祟，将宫廷女子由爱生恨的嫉妒心理发挥得淋漓尽致。[2]

---

[1] 六条夫人复仇事，详见［日］紫式部著，林师文月译：《源氏物语》（四册，台北：洪范书店，2000年修订初版），《葵》（页199）、《若菜》（页680）、《柏木》（页788）等卷。

[2] 参见［日］石埜敬子：《六条御息所》，收入《解釈与鉴赏》（东京：至文堂，1975年）；［日］藤本胜义：《源氏物语の「もののけ」》。

平安时代的怨灵大都与政治斗争有关，《源氏物语》六条夫人的“生灵”“怨灵”复仇则是结合“嫉妒”心理而产生的个人情仇，两者在本质上不尽相同。[1]另一派学者则指陈六条夫人的原型，极可能影射紫式部之父藤原为时曾服侍过的主人花山院。花山院十七岁时因宫廷斗争，被迫退位出家，其怨念在《源氏物语》中被化身为可怕的“生灵”。[2]

由上所述，可知平安朝的复仇观，已不再局限于儒家父仇子报式的五伦复仇观，而是加以相当程度的扩张：无论是“御灵”思想的“怨灵”，或紫式部笔下的“生灵”“怨灵”，其报复的对象都不再针对个人，而是迁怒相关的人，对之进行报复，二者的复仇观皆与早期的日本复仇观与中国的五伦复仇观迥异其趣。

五、中世纪复仇观的开展：曾我兄弟的复仇谭

镰仓时代（1185—1333年），因武家执政，崇武尚勇，斗争杀伐犹如家常便饭，如源赖朝讨伐长田忠致与曾我兄弟的复仇等，皆利用复仇名义对敌军进行讨伐。

[1] 参见［日］室伏信助：《六条御息所〈源氏物语〉》，收入《国文学》（东京：学灯社，1969年10月），第59页。

[2] 参见［日］金田元彦：《花山院の怨念——六条御息所の原型》，收入《国文学》（东京：学灯社，2003年5月），第132—133页。

在日本众多流传的复仇故事中，以“曾我兄弟”的复仇故事——《曾我物语》——最为人所津津乐道。曾我兄弟的复仇事例（1194年），当为真实事件，见成书于镰仓后期，记载1180—1267年史实的史书《吾妻镜》；以曾我兄弟十八年的复仇经历为题材的小说《曾我物语》，则完成于15世纪，全书计十二卷。此一故事/小说历久不衰，时至今日，尤为日本歌舞伎每年必演的大戏。故事描述伊东佑亲因领土问题与工藤佑经结怨，心怀不满的工藤派人暗杀伊东佑亲之子河津佑泰。佑泰遗孀带着二子五郎、十郎改嫁曾我太郎佑信。二郎对生父之死始终铭记在心，经过十八年颠沛流离的武士生活后，兄弟俩终于逮到机会潜入工藤家杀死工藤佑经。在复仇的过程中，弟弟十郎在与众多武士决斗时不幸罹难，哥哥五郎事成之后立即遭到逮捕，隔日即被以叛乱罪斩首示众。

曾我兄弟的复仇故事与《曾我物语》，不仅广为流传，且掀起一股复仇热潮：以往的复仇大都限于宫廷斗争，曾我兄弟则将复仇的传统带至武士阶级，且将复仇的概念普遍带进民间。无论在思想上或文学上，《曾我物语》都具有划时代的意义：[1]“文学”方面，曾我兄弟故事之后衍生出一系列不同版本的戏剧、谣曲，估计超过千余种，对日本文学的影响既深且

[1] 详见［日］稻垣史生：《仇討を考証する》（东京：旺文社，1987年）。

远；[1]“思想”方面，《曾我物语》对强化“父仇不共戴天”的孝道观念也有极大的启发作用，《曾我物语》歌颂以“孝”为中心的复仇思想，对日本民众的道德有着极为深远的影响。

日本学者在探讨中世纪的“仇讨ち”时，多半视曾我兄弟复仇事例为中世纪“仇讨ち”的开端。《曾我物语》以“小说”的方式，诠释曾我兄弟尽“孝道”为父报仇；水原一则由“史实”的角度提出不同的观点，认为曾我兄弟在十八年之中汲汲营营，企图跻身武士上层阶级，却因政局改变而未果，因此才会假借复仇之名而行叛乱之实。此处“仇讨ち”不再是单纯的复仇，实已掺杂了个人的政治野心；《曾我物语》将兄弟的复仇行为诠释为伦理的复仇，与现实有相当程度的差异。[2]水原氏之说不无道理，但即此亦可见日本复仇观的演变轨迹及其受中国“五伦复仇观”影响之一斑。

除《曾我物语》外，同一时代盛行的正统军记物语也不乏隐藏复仇主题者，如《保元物语》可解读为崇德院的怨念与复仇故事；《平治物语》末卷，暗示赖朝消除了父亲义朝的旧恨后，卷土重来，再兴源氏宗族；《平家物语》中，主人公充满了

---

[1] 参见［日］加美宏：《「曾我物语」：复仇的文学》，收入《解积と鉴赏》（东京：至文堂，1988年）。

[2] ［日］水原一：《曾我兄弟の复讎と「曾我物语」》（《曾我兄弟的复仇与〈曾我物语〉》），收入《国文学》（东京：学灯社，1969年12月）。

对复仇的怨恨与执着。

在尚武的年代，虽然道德上允许甚至肯定复仇，但因复仇事件日益增多，有碍治安，幕府遂纷纷修改法律，限制复仇行为。与前期的平安朝相比，镰仓幕府时代注重军纪，对复仇的规范也较前朝严格。如公元1536年伊达植宗所颁行的法典《尘芥集》，规定禁止私斗，明订须先举行司法审判始能复仇。[1]另，1597年公布的《长曾我部元亲》法条中也明文规定：复仇只限于自己的直系长辈，且只能下为上复仇。[2]由民众对《曾我物语》的热爱程度，以及朝廷对复仇限制的法令较前代完备，即可窥知日本中世纪复仇风气的逐渐盛行，并在下个时代达到巅峰的趋势与轨迹。[3]

---

[1] 此类似《周礼·秋官·朝士》之“凡报仇雠者，书于士，杀之无罪”。[（唐）贾公彦：《周礼注疏》（台北：艺文印书馆，1976景清嘉庆二十年江西南昌府学刻本），卷35，第23页下]，但未如《周礼·地官·调人》之有“避仇”规范。关于《周礼》的复仇观，可参拙撰：《复仇观的省察与诠释——以〈春秋〉三传为重心》二之（二）“礼书的复仇观与诠释”，第115—120页。

[2] 此一律令的精神与《唐律》颇为接近，可参拙撰：《隋唐时期复仇与法律互涉的省察与诠释》，四之（一）“《唐律·斗诉》‘祖父母为人驱击’条”，第102—104页。

[3] 中国历史常可见因复仇过于盛行而致政府明令禁止的例子，可参拙撰《两汉魏晋南北朝复仇与法律互涉的省察与诠释》《隋唐时期复仇与法律互涉的省察与诠释》二文。

六、江户时代复仇观的争议：复仇的巅峰与终结

江户时代（1603—1868年）乃日本复仇行为与复仇观的全盛时期。德川幕府为了巩固势力，强化封建体制，不仅将复仇思想列入“武士道”体系之内，且将复仇观与武士道融合，视复仇为一种美德，视复仇为臣子重大义务的武士，以生命报答君主，本即为尽忠输诚的至高表现。[1]不仅武士，复仇行为甚至普遍受到社会大众的赞扬。此时，下至百姓，上至领主，均可至幕府“公仪御帐”登记申请复仇，复仇于是成为合法的行为。江户幕府伊达家的法文且明令规定子女须为父母复仇，甚至连父母都有为子女复仇的义务。复仇成功者归乡后会受到居民列队热烈欢迎；反之，未能尽复仇义务者，不但会遭众人摈弃，甚至还会受到惩处。[2]

文化方面，由于江户时代身处太平盛世，文学、戏剧、说书等文艺活动频繁，加上政府颂扬忠臣/孝子观念，使得民间的

[1] 有关日本“武士道”的名誉观/价值观，参见王炜：《日本武士名誉观》（北京：社会科学文献出版社，2008年）。

[2] 如庆应元年（1865年）重臣山田嘉膳遭到杀害，其子鹿之助、鹿马未为父复仇，旋遭幕府重罚，没收家财、豪宅，一家离散，并将两人放逐。参见［日］穗积陈重：《复讐と法律》，第104—105页。

复仇事件急遽增加。元禄年间所发生的赤穗武士复仇事件，便是将复仇风气推至顶端的重要事件：元禄十三年（1700）三月，在某次纲吉将军的宴会中，浅野内匠头因不满吉良上野介而与之发生争执，浅野在气愤之下，拔出小刀划伤吉良的脸颊。纲吉将军认为浅野罪不可赦，立即下令将之逮捕，且命令他当场切腹自杀，其五万三千石地租与一所大宅院亦全数充公。消息传至浅野本家，身为家臣之长的大石内藏助紧急召集三百余位家臣商议对策。家臣虽对将军的判决不服，但仍采取不抵抗的方式，让幕府派新城主接收赤穗家。浅野的家臣团被迫解散，三百余人成为失去君主的浪人，流散各地。家老大大石内藏助誓言为主复仇，要求其他家臣切具报仇誓约，暂时隐姓埋名，静待时机再相机复仇。经过将近两年处心积虑的规划后，大石终于在元禄十五年腊月三十日凌晨，率领四十七位赤穗武士突袭吉良官邸，杀死众多武士，并砍下吉良首级。事成之后，赤穗武士带着吉良的首级浩浩荡荡到达泉岳寺，将首级献于君主浅野坟上，并自动至幕府投案，听候判决。幕府将军最后下令，命他们集体切腹自杀。此即著名的“忠臣藏”故事。

纲吉将军的判决，种下了两年后赤穗浪人复仇事件的“因”。依照当时武家的法律，对于起争执——发生纠纷、暴力冲突等——的双方，不论谁是谁非，皆应秉持“喧哗两成败”的原则，亦即双方都必须受到制裁，但是纲吉将军却令浅野内匠头切腹自杀，而未对吉野作任何处分，明显违反了“喧哗两成败”的精神。

赤穗武士切腹自杀后，学者对其行为与幕府的处置方式议论纷纭，争执不断。[1]室鸠巢于赤穗武士处刑翌年撰写《赤穗义人录》，尊之为“忠义之士”，感叹幕府非唯未加奖励，反将渠等处死。国学者林凤岗亦撰《复仇论》，赞扬赤穗武士的忠义行径，认为他们不惜触犯律法、为主复仇的决心，对民众有良好的教化作用。不过，在一片赞成、肯定的声浪中，也有反对之音。佐藤直方认为，幕府未判处赤穗浪人死刑，而处以切腹自杀，执法过于宽松。佐藤批评林凤岗与民众一样无知，将浪人视为忠臣义士，实在荒谬至极。佐藤认为，吉良并未杀死赤穗浪人的君主浅野，浅野乃因犯法而遭赐死，严格而论，吉良根本不是赤穗浪人的仇敌。浪人没有明白这个道理，鲁莽携带兵器，结党作恶，便是犯了滔天大罪。若浪人在复仇后切腹自杀，尚情有可原，但他们却没有选择有尊严地死——切腹[2]——

[1] 本文有关赤穗武士的论争，参见［日］野口武彦：《復讎の系谱—中国から日本へ》，收入《国文学》（东京：学灯社，1969年10月），第85—91页；［日］南条范夫：《仇讨ちの是非论の推移》，收入《忠臣蔵と日本の仇討》（东京：中公文库，1999年），第156—170页。

[2] 有关“切腹”的起源、形式/仪式与精神，参考林文月师：《变态刑罚史》，收入师著：《写我的书》（台北：联合文学出版社，2006年），第28—35页。

这是企图谋求官位。与佐藤同派的三宅重固同样也否定浪人的作为。三宅认为，武士为主人复仇乃天经地义之事，无论在中国或日本，类似的例子比比皆是，赤穗义士不应得到这么多的赞美。[1]

与此同时，徂徕派的学者浅见絅斋则挺身为赤穗武士辩护。浅见指出，浅野内匠头因一时冲动，在宴会上用小刀刺伤吉良，这虽是越矩的行为，吉良却因受辱而要求纲吉将军斩杀浅野，未免过于小题大做。若先前两人有很深的恩怨，而吉良利用刀刃事件除掉浅野，则之后义士们为浅野复仇便属合情合理。浪人深信自己的行为是替主人找回公道的正义行为，所以未在复仇之后自尽，并非如佐藤所说的贪生怕死；他们若真的怕死，当初就不会参与这么惨烈的复仇计划/行动。

浅见絅斋的见解得到多数人的赞同，可说为绵延数年的争论作了最佳的总结。

不过二十余年后，争论又重新燃启，起因是徂徕的高徒太宰春台（1680—1747年）在徂徕过世之后提出自己对赤穗武士的看法。太宰认为，依照法律，杀人者虽理应偿命，但吉良只是受到

[1] 其实“为主复仇”动机多端，中、日/举世皆然，实不宜一概而论。说可参拙撰：《两汉魏晋南北朝复仇与法律互涉的省察与诠释》之三“东汉末至曹魏时期复仇与法律互涉的省察与诠释”，第57—58页。

皮肉之伤，纲吉将军便将浅野处以极刑，对于幕府作出这样不公不义的判决，浪人们非但没有记仇，反找吉良报复，便是错误的决定。根据“武士道精神”，臣子只需服从君主，不需听从国家的法律，君主一死，臣子便应跟着切腹，但浪人们并未如此，显然背离了武士道精神。他们理应怨恨幕府，因为幕府才是他们真正的仇人，但他们反而在好长的一段时间之后才策划杀掉吉良。浪人在复仇成功之后就该自尽，可是他们却选择向其大仇人的幕府自首，便是存有侥幸之心，显然希望借此谋得官位。

太宰春台之说受到众多学者的抨击。松宫观山驳斥太宰之说，认为浪人没有立刻复仇乃因志在振兴浅野家，若草率行事反将乱了大计；而浪人没有选择切腹，并非如太宰所说的“变节求荣”，而是为了将正义公诸于世。五井兰洲《驳太宰纯赤穗四十六士论》，认为将浅野赐死是破坏国法的行为，所以整件事的始作俑者乃是吉良，浪人找他复仇是理所当然之事；倘若策划期间吉良病死，义士们一定会切腹自杀，并非如太宰所说的贪图名利，太宰之所以有这番见解，乃是以小人之心度君子之腹。不仅学者，即连舆论也一致反对太宰之说，压倒性地支持赤穗武士的作为。

赤穗武士受到民众的喜爱，多少与日本人同情弱者的性格有关；而在《忠臣藏》故事中，则处处可见赤穗武士“尽人事，听天命”的安排：浅野对蛮横无理的吉良忍耐到了临界点时，用小刀刺伤他，接着平静地等待幕府的裁判；同样的，武士们在为主复仇后，悲壮地将生命交给幕府作决定，如此将自己命运托付给他人的行事风格，深获日本民众的肯定。

由上述关于赤穗武士论争的概述，可知学者议论的焦点在浪人是否立即切腹自杀，而未论及其“复仇”的正当性。换言之，无论赞成或反对，学者大抵皆肯定武士的“复仇”行为，认为复仇有其正当性与必要性。另外，值得注意的是：不仅学者与大众站在赞成复仇的一方，即连幕府在判处赤穗浪人切腹自杀时，所用的罪名也是“结党叛乱”与“携带武器”，而非针对武士的“复仇”行为做出惩治，凡此皆可见江户时代对复仇行为的重视与肯定。

根据平出鉴二郎《复仇》[1]一书的统计，赤穗武士复仇事件发生之后，民众纷纷效仿，使得民间的复仇事件暴增二十五倍之多，江户时代复仇风气兴盛的程度由此可见一斑。“忠臣藏”事件四十七年之后，戏剧《假名手本忠臣藏》首度公演，旋即家喻户晓，成为江户时代年年最卖座的戏码。

江户时代主要的复仇事件共一百三十余件，当然，这只是冰山一角，庶民之间的复仇事件更是层出不穷。这股复仇风气一直延烧到明治时期颁布新令才逐渐结束。新上任的司法院长

[1] ［日］平出鉴二郎：《敌讨》（东京：中公文库，1990年）。

江藤新平，于明治六年（1873年）2月7日的第37号公布中颁布“复仇禁止令”，明令复仇者处以极刑。

穗积陈重认为：江藤在上任短短一个月之内即废除旧法，视复仇为谋杀罪，实与明治维新动荡的局势有关：当时暗杀事件层出不穷，杀伐风气甚重，为了防止暗杀大臣、参议等大官事件继续延烧，才会严令禁止民间的复仇行为。[1]无论如何，绵延千余年的日本复仇历史终究在法律上遭到明令禁止。至于民间是否完全接受，则是一个尚待省察的有趣问题，如明治时代颇具代表性的女作家樋口一叶（1872—1896年），在其短篇小说《闇夜》（1895年）[2]中，描述少女阿兰在父亲被害后投水自杀，为青年高木直次郎所救，在疗伤期间高木逐渐对阿兰产生情愫，且决心舍命为阿兰报父仇。高木的复仇行动虽未成功，仍具体可见当时复仇观依然深植人心。大正时代代表作家芥川龙之介（1892—1927年）的短篇小说《大石内藏助的一天》（1917年）[3]则以浅野家老大大石内藏助复仇后隐居泉岳寺，回

---

[1] ［日］穗积陈重：《复雠と法律》，第72—73页。

[2] 收入［日］樋口一叶著，林文月译：《十三夜：樋口一叶小说选》（台北：洪范书店，2004年），第33—67页。

[3] 收入［日］芥川龙之介著，文洁若译：《海市蜃楼·橘子》（台北：志文出版社，1991年），第48—61页；亦见高慧勤、魏大海主编：《芥川龙之介全集》（济南：山东文艺出版社，2005年），第1卷，第251—261页。

忆其复仇行为，并省思其复仇行动引发江户城百姓群起仿效的复杂心理。由此二例，即可见日本的复仇观在明治初期虽明令禁止，却依然存留的实况。

七、结 语

综上所述，可知日本上古时期的复仇观，明显受到中国儒家“五伦复仇观”的影响，但其发展、演变，则自有其面貌，且相当多彩多姿，如平安时代的“怨灵”“生灵”复仇与魏晋南北朝、唐人小说颇为类似，但又同中有异；中世纪乃至幕府时代的武士，如“曾我兄弟”的复仇故事，除将类似中国的五伦复仇观带进武士阶级，并发挥至民间外，又掺杂了政治因素，其影响所及，一时蔚为风气，但因复仇盛行，影响治安，法律方面便趋向禁止复仇，形成颇为有趣的对比；江户时代的“武士道”复仇，与中国的“为主复仇”相当接近，而其规模之大、次数之多、激烈之程度，都远远超过中国任一时代，此时复仇成为合法的行为，而且政府、民间一致歌颂，但学者间对复仇者心态的看法则相当不一致，且引发长期的论争，不过无论官方、民间、学者，对复仇行为持肯定的态度，则无二致；日本的复仇历史，直到明治六年，明令禁止复仇后始渐衰歇，但民间是否完全接受，则尚有待进一步省察。

附识：本文之草成，蒙台湾大学日本文学系教授彭谊芝女弟协助搜集、翻译日文资料，并草拟部分文稿；2007年草稿初成，蒙林师文月惠阅一过，有所垂正；初稿曾以《日本复仇观管窥》为题，于“‘天、自然与空间’学术研讨会”（台湾大学中国文学系主办，日本东亚的文明冲突与“天”观念的演变研究班、清华大学人文社会研究中心合办，2008年9月25、26日）宣读，惠蒙台大文学院叶国良院长、中文系蔡瑜教授、日本爱媛大学法文学部邢东风教授、“中央研究院”中国文哲研究所黄冠闵教授等先生发言讨论；修订稿复蒙《成大中文学报》二位不具名审查委员谬赏，并惠赐卓见：聊记其始末，并志谢忱。

参考文献

本书引用的外文著作名称皆是穗积陈重凭记忆写下的，有些书名并不完整，不容易检索。于是笔者[1]请早稻田大学图书馆的关田熏先生帮忙，参照东京都立大学图书馆的《穗积文库目录》，罗列出作者阅读过的参考文献。

Stephen, Sir James Fitzjames, *A history of the criminal law of England*. V.1–3. London, 1883.

Charles Milner Atkinson tr. & ed., *Bentham's Theory of legislation*. V.1–2. London, 1914.

Butler, Joseph, *Fifteen sermons preached at the Rolls Chapel. London*, 1856.

Holmes, Oliver Wendell, *Das gemeine Recht Englands und Nordamerikas (The Common Law*.1881,tr. by Rudolf Leonhard.) Leipzig, 1912.

[1] 此处系杉山晴康先生自称。——译注

Jellinek, Georg, *Die sozialethische Bedeutung von Recht, Unrecht und Strafe.* Berlin, 1908.

Macdougall, William, *An introduction to social psychology.* London, 1908.

Darwin, Charles Robert, *The descent of man and selection in relation to sex.* London, 1906.

Liszt, Franz von, *Lehrbuch des deutschen Strafrechts.* Berlin, 1903.

Post, Albert Hermann, *Einleitung in das Studium der ethnologische Jurisprudenz.* Oldenburg, 1886.

Günther, Georg Ludolf Louis, *Die Idee der Wiedervergeltung in der Geschichte und Philosophie des Strafrechts.* Bd.1–3.Erlangen, 1889–95.

Sutherland, Alexander, *The origin and growth of the moral instinct.* V.1–2. London, 1898.

Post, Albert Hermann, *Bausteine für eine allgemeine Rechtswissenschaft auf vergleichen-dethnologischer Basis.* Bd.1–2. Oldenburg, 1880–81.

Kohler, Josef, *Zur Lehre fon der Blutrache.* Würzburg, 1885.

Koenigswarter, Louis Jean, *études historiques sur le développment de la société humaine.* Paris, 1850.

Schoolcraft, Henry Rowe, *The Indian tribes of the United States*. v. 1–2. Philadelphia, 1884.

Brett, William Henry, *The Indian tribes of Guiana*. New York, 1852.

Spencer, Herbert, *The principles of sociology*. V.1–3. London, 1893.

Haxthausen–Abbenburg, *August Franz Ludwig Maris, Transkaukasia*. Leipzig, 1856.

Pallas, Peter Simon, *Reise durch verschiedenen Provinzen des Russichen Reichs in einem ausführlichen Auszuge*. Frankfurt, 1776–77.

Martius, Karl Friedrich Philipp von, *Von dem Rechtszustande unter ureinwohnern Brasiliens*. München, 1832.

Cherry, Richard Robert, *Lectures on the growth of criminal law in ancient communities*. London, 1890.

Post, Albert Hermann, *Der Ursprung des Rechts*. Oldenburg, 1876.

Munzinger, Werner, *Sitten und Recht der Bogos*. Winterthur, 1859.

Walter, Ferdinand, *Das alte Wales*. Bonn, 1859.

Tornauw, Nicolaus von, *Das Moslemische Recht aus den*

Quellen dargestellt. Leipzig, 1855.

Ewers, Johann Philipp Gustav, *Das älteste Recht der Russen in seiner geschichtlichen Entwickelung.* Hamburg, 1826.

Post, Albert Hermann, *Die Anfänge des Staats-und Rechtslebens.* Oldenburg, 1878.

Post, Albert Hermann, *Die Grundlagen des Rechts und die Grundzüge seiner Entwicke-lungsgeschichte.* Oldenburg, 1884.

Kohler, Josef, *Lehrbuch der Rechtsphilosophie.* Berlin, 1909.

Hellwig, Albert Ernst Karl Max, *Das Asylrecht der Naturvölker.* Berlin, 1903.

Kohler, Josef, *Shakespeare von dem Forum der Jurisprudenz.* Würzburg, 1883.

Frauenstädt, Paul, *Blutrache und Todtschlagsühne im deutschen Mittelalter.* Leipzig, 1881.

Jarves, James Jackson, *History of the Hawaiian Islands.* Honolulu, 1847.

Grimm, Jakob Ludwig Karl, *Deutsche Rechtsalterthümer.* 1~4 Aufl. Göttingen, 1828–89.

Gaffarel, Paul Louis Jacques, *L'Algérie.* Paris, 1883,

Post, Albert Hermann, *Afrikanische Jurisprudenz.* Bd.1–2. Oldenburg, 1887.

Adair, James, *The history of American Indians.* London, 1775.

Wilda, Wilhelm Eduard, *Geschichte des deutschen Strafrecht.* Halle, 1842.

Köstlin, Christian Reinhold, *Geschichte des deutschen Strsfrecht im Umriss.* Tübingen, 1859.

Morgan, Lewis Henry, *League of the Ho-de-no-sau-nee, or Iroquois.* Rochester, 1851.

Homer, *Iliad.* Oxford, 1899–1903. 2 v.

Koenigswarter, Louis Jean, *études historiques sur le développment de la société humaine.* Paris, 1850.

Zoepfle, Heinrich Natthias, *Deutsche Rechtsgeschichte.* Bd.1–3. Braunschweig, 1871–72.

Bethmann–Hollweg, Moritz August von, *Der civilprozess des gemeinen Rechts in geschichtlicher Entwicklung.* Bd.1–6. Bonn, 1864–74. Bd.4–6; *Der germanisch-romanische Civilprozess im Mittelalter.*

Tornauw, Nicolaus von, *Das Moslemische Recht aus den Quellen dargestellt.* Leipzig, 1855.

Warnkönig, Leopold Angust, *Französische Staats-und Rechtsgeschichte, von L. A. Warnkoenig und L. Stein.* Bd.1–3. Basel, 1846–48.

Maine, Henry Summer, *Lectures on the early history of institutions.* London, 1875.

Richey, Alexander George ed., *Ireland, Laws, statutes,etc. Ancient laws of Ireland.* Dublin, 1865–1901.

Munzinger, Werner, *Ostafrikanische Studien.* Schaffhausen, 1864.

Haxthausen–Abbenburg, August Franz Ludwig Maria, freiherr von, *Transkaukasia.* Leipzig, 1856.

Sutherland, Alexander, *The origin and growth of the moral instinct.* V.1–2. London, 1898.

Munzinger, Werner, *Ostafrikanische Studien.* Schaffhausen, 1864.

Pollux, Julius, *Onomasticon, decen libris constns.* Francofurti, 1608.

Lindenbrog, Friedrich, ed., *Codex legvm antiqvarvm, in qvo contientvr...Ex bibliotheca Frid. Lindenbrog.* Francofvrti, 1613.

Bastian, Adolf, *Rechtsverhältnisse bei verschiedenen Völkern der Erde.* Berlin, 1872.

Platner, Victor, *Ueber die historische Entwickelung des Systems und des Charakters des deutschen Rechts, vorzugsweise des Privatrecht.* Bd.1–2. Marburg, 1852–54.

Thorpe, Benjamin ed., *Great Britain, Laws, statutes, etc., Ancient laws and institutes of England.* V.1–2. London, 1840.

Zoepfle, Heinrich Mattias, *Deutsche Rechtsgeschichte.* Bd.1–3. Braunschweig, 1871–72.

Maine, Henry Summer, *Dissertations on early law and custom.* London,1883.

Kohler, Josef, *Das Recht als Kulturerscheinung.* Würzburg, 1885.

Muirhead, James, *Historical introduction to the private law of Rome.* London, 1899.

Jhering, Rudolph von, *Geist des römischen Rechts, auf den verschiedenen Studien seiner Entwicklung.* Bd. 1–4. Leipzig, 1878.

Mommsen, Theodor, *Römisches Staatsrecht.* Bd. 1–3. Leipzig, 1887–88.

Sohm, Rudolph, *Institutionen des römischen.* Leipzig, 1886.

Gaius, *Gai institutiones, or instituts of Roman law.* With a tr. And commentary by Edward Poste. Oxford, 1906.

Bekker, Ernst Immanuel, *Die Aktionen des römischen Privatrecht.* Bd. 1–2. Berlin, 1871–73.

Blackstone, Sir William, *Blackstone's Commentaries.* Boston, 1882.

译后记

源自西方启蒙运动的现代性话语以及在此等话语潜在影响下生发出的诸多衍生性理论（如赫胥黎的“天演论”、斯宾塞的“社会进化论”），因其本身建立在将历史化约为一种不可逆转且具有道德向度之进程的历史目的论的基础之上，所以不仅为晚近以来被“拉入”现代化进程的东方诸国的学人提供了一种看待历史与现实的方式，而且使他们将自身的生存与奋斗意义统统纳入这个时间的轨道、时代的位置和未来的演进目标之中，以图从西方汲取各类智识资源而尽快地实现启蒙与救亡之双重目标，早日迈入世界先进文明国家之行列。我国晚清时期的康有为、梁启超、严复等诸先贤是如此，大体处于同一时代的本书的著者穗积陈重先生更是如此。

明治维新初期，穗积陈重先生最先负笈英伦研习英国法，事后转至德国柏林研究罗马法史与德国私法。近五年的留学生活，使他在亲身体认欧洲文明、先进之同时，又深感其祖国日本的落后与亟待革新之必要，而当时盛极一时的社会进化论思潮恰恰契合了这位雄心万丈的东方学子意图革故鼎新推动传统社会变迁之理想。他深信肯定存在支配法律进化的一种普适性规律，为此他曾向日本朋友宣称“将穷毕生之精力来探究法律进化之原理”。然诚如上文所言，精研法律进化进而厘清其演进规律之终极目的无疑是以此作为本国法律现代化之张本，从而为福泽渝吉所倡导的“和魂洋才”式的社会革新话语提供实质性助益。在1904年圣路易斯艺术与科学国际会议上，他将其直接负责起草的《日本民法典》称为“历史法学与比较法学之融合，沟通古今、东西之纽带”，便是此等治学理念映射到具体立法实践之上的完满体现。这部民法典于1898年7月16日颁行，以穗积陈重为代表的日本士人青年时代的富国强民之宏愿基本上已经成为现实，而他本人因对此所做出之重大贡献亦为后人所铭记：在《日本民法典》百年的纪念邮票上赫然印着三位起草人的图像：穗积陈重、梅谦次郎与富井政章。

对穗积陈重先生致力于建构的宏大且缜密的“法律进化论”体系，杉山晴康先生在本书的“解说”中已做了详尽、系统而又精湛之阐释，以此读者们基本上可窥知其理论之全貌，故而在此不赘。仅就本书而言，首先，从方法上观之，与他的其他著作一样，不难看出，他的研究视野与思考模式明显深受其早年接触的斯宾塞的社会进化论、弗雷泽的民族学经验论以及亨利·梅因、萨维尼等人的历史法学理论之影响，并在此基础上进行提炼与整合，从而呈现出以实证方法、人类学方法以及比较方法为基本取向的独树一帜的比较法史学研究新路径。其次，从核心内容观之，在本书中，著者通过对东西古今诸多文明体复仇观之演进的系统分析，抽丝剥茧般地探寻出了刑罚之起源，同时论证出民事制裁之起源亦来自被害者自力复仇的“扣押”，并最终水到渠成地得出他对法律进化所持的基本观点：法的起源与实质乃是个体与总体之协调，法是个体之力同化为社会之力，是个体力不断社会化之产物，亦即所谓的“私力公权化”之产物。

虽然从现今之学术水准研判，人们不可避免地会对书中资料的分析与解释产生异议，认为著者秉持的简单化的线性法律进化论似乎过于天真，采用的比较方法显得过于粗糙，择选的用以支撑其假说的例子多源自西方学者的二手文献，他本人不过是一位“纸上谈兵的法人类学家”而已等，但这些囿于时代所限造就的不可避免之微瑕实难掩盖此部经典著作的伟大光辉。穗积陈重先生在其间所展现出的无比宏大的学术视野、缜密细致的分析思路、穷尽所有可能搜罗整理材料的治学态度以及足可实现理论相对自洽与完满并富有穿透力的学术观点，相信会给所有阅读此书的读者留下极为深刻之印象。就此，当代日本法学界的两位巨擘千叶正士先生和碧海纯一先生皆曾称颂穗积陈重之作品乃是“充满科学实证主义的拓荒性著作”。而该书自1931年（昭和六年）首次问世以来，岩波书店又于1982年（昭和五十七年）和2002年（平成十四年）分别刊行了它的第二版与第三版。此两个层面社会之认同似可充分说明，经典之所以谓之经典，根本原因或许就在于它本身之素质具有某种程度的“岁月免疫力”，而使其具有相对恒久之价值。

本中译本初版问世于十年前，承蒙中国法制出版社厚爱，此番再出新版，作为译者，甚感荣耀与欣慰。衷心感谢台湾大学中文系主任李隆献教授慷慨应允将其关于日本复仇文化的宏文纳入本书作为附录，以期使广大读者能够更为全面且充分地了解穗积先生撰写《复仇与法律》一书时所处的文化与社会语境。在此书最初翻译的过程中，英国伦敦大学东方与非洲研究院沃纳·蒙斯基（Werner Menski）教授、厦门大学法学院周东平教授、日本京都外国语大学彭飞教授、天津财经大学法学院朱涛博士（日本京都大学）、华东政法大学科学研究院魏敏博士（日本京都大学）、中国社会科学院法学研究所周维明博士候选人、厦门大学法学院齐云博士、王凌皞博士以及土耳其学者古尔巴哈尔（Gülbahar）小姐皆曾拨冗为我解答涉及日文、梵文、德文、拉丁文以及阿拉伯文的疑难，为使本中译文可能存在之遗憾减至最小限度，做出了不可磨灭的贡献。经历十年漫长岁月侵蚀，虽上述信息很多可能早已更迭甚或物是人非，然此份难得的学术情谊当永存心底。在本人学术起步与成长的历程中，深受浙江大学梁治平教授，清华大学高鸿钧教授，厦门大学徐国栋教授，上海交通大学韩长印教授，上海师范大学刘作翔教授，北京大学强世功教授、章永乐教授，华东政法大学何勤华教授、李秀清教授、苏彦新教授，香港大学陈弘毅教授，吉林大学何志鹏教授，河南大学王明锁教授、郭绍敏教授，华东师范大学吴泽勇教授、田雷教授，中南财经政法大学陈柏峰教授，西南政法大学张建文教授，西北政法大学常安教授，上海财经大学叶名怡教授等诸师友指点、提携与教诲甚多，谨此亦对他们一如既往的殷切关爱表达最诚挚的谢忱！中国法制出版社王雯汀编辑为本书新版之成功问世，备极辛苦，贡献甚多，谨此一并申谢！最后，但最有必要指出的是，鉴于本人日文能力有限，成就本书的翻译工作之大部皆由曾玉婷女士独自完成，而我仅承担事后的校对审核、剪裁润色以及查缺补漏等辅助工作。当然，既然共同署名为本书译者，但凡因误译、多译和漏译所产生的任何理解问题，皆理应由我们共同承担，谨此亦衷心祈愿读者诸君对此能不吝批评指正为是，我们将不胜感激（E-mail:weileijie99@126.com）。

魏磊杰谨识
二零二二年二月十八日修订于
厦门大学法学院

图书在版编目（CIP）数据

法律进化论. 复仇与法律 /（日）穗积陈重著；曾玉婷，魏磊杰译.—北京：中国法制出版社，2022.1
ISBN 978-7-5216-2406-9

Ⅰ. ①法…　Ⅱ. ①穗…②曾…③魏…　Ⅲ. ①法学
Ⅳ. ①D90

中国版本图书馆CIP数据核字（2022）第016717号

策划编辑　王雯汀　　责任编辑　王雯汀　　封面设计　李　宁

法律进化论. 复仇与法律
FALÜ JINHUALUN . FUCHOU YU FALÜ

著　者 /［日］穗积陈重
译　者 / 曾玉婷、魏磊杰
经　销 / 新华书店
印　刷 / 应信印务（北京）有限公司
开　本 / 787毫米×1092毫米　32开
印　张 / 9.75
字　数 / 223千

版次：2022年1月第1版 / 2022年1月第1次印刷
书号：ISBN 978-7-5216-2406-9　　定价：49.00元

北京市西城区西便门西里甲16号西便门办公区
邮政编码：100053　　传真：010-63141600
网址：http://www.zgfzs.com　　编辑部电话：010-63141824
市场营销部电话：010-63141612　　印务部电话：010-63141606

（如有印装质量问题，请与本社印务部联系。）